中国现代农业科技小院网络

科技小院之“三农”

张福锁　张安彦　吕世华　等编

中国农业大学出版社
·北京·

内容简介

本书汇集了科技小院师生在农业生产一线和农村收集的部分有关农业生产、农村发展和农民生活现状的照片资料，希望能部分反映“三农”的实际情况，激发人们关注“三农”的热情，为解决“三农”问题贡献力量。

图书在版编目（CIP）数据

科技小院之“三农” / 张福锁，张宏彦，吕世华等编 .—— 北京：中国农业大学出版社，2016.4
ISBN 978-7-5655-1548-4

Ⅰ.①科…　Ⅱ.①张…　②张…　③吕…Ⅲ.①农村经济 - 概况 - 中国②农村 - 基础设施 - 概况 - 中国③农民 - 生活状况 - 概况 - 中国 Ⅳ.① F32 ② D422.7

中国版本图书馆 CIP 数据核字（2016）第 076959 号

书　　名　科技小院之“三农”
作　　者　张福锁　张宏彦　吕世华　**等编**

策划编辑　孙　勇　　　**责任编辑**　孙　勇
封面设计　牛艳红　　　**责任校对**　王晓凤
出版发行　中国农业大学出版社
社　　址　北京市海淀区圆明园西路 2 号　　　**邮政编码**　100193
电　　话　发行部 010-62818525,8625　　　读者服务部 010-62732336
　　　　编辑部 010-62732617,2618　　　出　版　部 010-62733440
网　　站　http://cnnm.org.cn/　　　**E-mail**　cbsszs@cau.edu.cn
经　　销　新华书店
印　　刷　涿州市星河印刷有限公司
版　　次　2016 年 6 月第 1 版　2016 年 6 月第 1 次印刷
规　　格　787×1092　12 开本　20 印张　390 千字
定　　价　128.00 元

照片提供者（排名不分先后）

广东省农科院：钟旭华

海南大学：阮云泽

河北农业大学：马文奇　马振朝　王耀聪

河北省农林科学院：刘全清

河南农业大学：安志超　叶优良　张小涛

吉林农业大学：陈敏旺　徐　卓

吉林省农科院：任　军

兰州大学：李凤民

南京农业大学：谢凯柳

内蒙古农业大学：樊明寿　王迎男

宁夏大学：何文寿

青岛农业大学：李俊良

山东农业大学：姜远茂

四川省农科院：吕世华　袁　江

西南大学：陈轩敬

新疆农业科学院：冶　军

中国农业大学：曹国鑫　陈范骏　陈广锋　陈素贤　陈亚超　陈延军　迟志广　崔士通　崔振岭　丁广歌　杜云飞　方　杰　方　昭　冯　固　冯　霞　高超男　高　伟　高　显　管延杰　胡芙蓉　胡潇怡　黄成东　黄志坚　贾　冲　江荣风　雷伟伟　雷　友　李宝深　李　贝　李海朋　李建丽　李　隆　李晓林　刘　晴　卢星辰　米国华　苗宇新　尼娇娇　彭学可　申建波　申建宁　石　伟　苏效坡　万　俊　王　斌　王　冲　王　方　王红叶　王　欢　王　帅　王金乔　王雯雯　魏素君　吴海兵　伍大利　徐灵丽　徐新星　严程明　余　赟　张　东　张福锁　张宏彦　张江周　张伶波　张青松　张书华　张　涛　张卫锋　张晓宁　张学娟　章　余　赵　丹　赵鹏飞　赵兴波　赵伟丽　赵英杰　甄晓星　周海燕　周　珊　左元梅

中国农业科学院：何文清

中国热带农业科学院：吴　刚　邬华松

前 言

解决“三农”问题是党和国家工作的重中之重，也是我国经济社会可持续发展的关键。解决“三农”问题首先要了解“三农”现状，抓准“三农”问题，进而找到切实可行的解决办法。

我国幅员辽阔，气候类型多样，作物体系各异，生产方式很多，不同地区农村、农业发展水平很不平衡、制约“三农”发展的问题也不一样。为了推动农业生产方式由传统农业向高产高效现代农业的转变，探索可持续农业发展新道路，有力推动“三农”发展，中国农业大学资源环境与粮食安全中心自2009年起，在河北省曲周县建立了第一个科技小院，首创了科技小院科技创新、社会服务和人才培养“三位一体”的新模式，并同全国科研院所同行及地方政府、企业等合作，在全国建立了七十多个深入农业生产和企业一线的科技小院，形成了全国性的科技小院网络。依托科技小院网络，针对所在地区不同情况，开展“三农”现状和限制因子的深入调查、研究并提出其解决途径。驻科技小院师生一边开展科学研究，创新绿色增产增效生产技术，一边开展社会服务，示范应用新技术，探索农业生产方式和生产关系转变的新途径；同时积极参与农村社会事务，推动农村和谐发展。在长期深入“三农”一线的过程中，获得了大量第一手有关“三农”的实况资料。

本书汇集了科技小院师生在农业生产一线和农村收集的部分有关农业生产、农村发展和农民生活现状的照片资料，希望能部分反映“三农”的实际情况，激发人们关注“三农”的热情，为解决“三农”问题贡献微薄之力。

由于篇幅和编者水平所限，错误之处在所难免；图片仅反映科技小院所在地区的“三农”情况。敬请广大读者批评指正。

编　者

2016年4月

陕西，丰收的苹果园（张福锁）

贵州，美丽的梯田（张福锁）

四川，老人和孙子（张福锁）

海南，诱人的可可（张福锁）

目　录 / *catalogue*

1. 土地资源篇

甘肃，村庄和耕地（张福锁）

匮乏的土地

土地是农业生产的基础。我国目前拥有20.3亿亩①耕地面积，人均不足1.5亩，仅为世界平均水平的一半不到。工业化、城镇化、荒漠化、水土流失等造成耕地资源越来越匮乏。

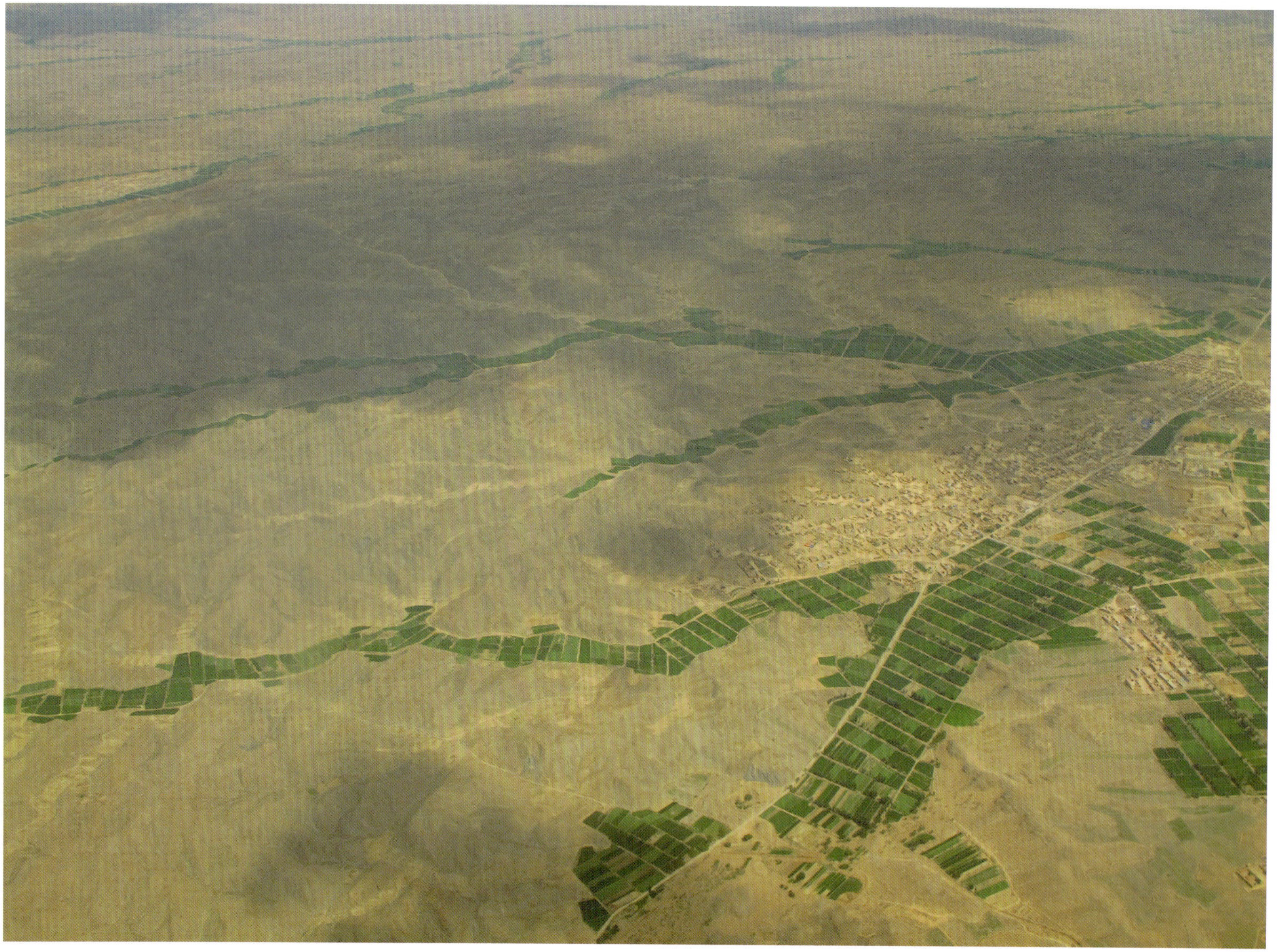

西北，绿色的是耕地和庄稼，周围是大片裸露的荒地（张福锁）

注：① 1亩=666.7米^2

黄土高原，山谷里仅有的耕地（张福锁）

甘肃，山谷里的庄稼（张福锁）

西北，稀缺的土地（张福锁）

甘肃，农田（张福锁）

山东惠民，麦田。绿色的部分是小麦，小麦之间的白色条带是户与户之间的田埂（崔振岭）

碎块化的土地

我国农业生产大多采用小户、分散经营，这使得本来稀缺的土地被分割、细碎化。碎块化不仅降低土地利用率，增加生产和劳动力成本，而且严重影响生产效益和农民收入，成为制约农业生产的瓶颈。

青海，丘陵地带的油菜田（江荣风）

贫瘠的土壤

在土地资源缺乏的条件下，人们为了生存不得不利用一切可以利用的土地来种植作物。在西南等地的山区，很多本不适宜种植作物的地方也被农民开垦为耕地。

云南山区，山坡上的玉米田（张福锁）

广西山区，种植在石头缝里的果树（张福锁）

云南山区，农民在大石头上堆土种植的玉米（张福锁）

东北，一户人家门前的玉米（张福锁）

吉林，种满水稻的农家院（张福锁）

重庆丰都，农民在水位回落后的三峡水库边开垦耕地（吕世华）

无处不长的庄稼

中国农民历来视土地为生命。在很多地方的农区，房前屋后，几乎所有能够利用的土地都被用来种植庄稼。

甘肃，被庄稼包围的人家（张福锁）

流失的土壤

我国是世界上水土流失最严重的国家之一。全国水土流失总面积达 294.9 千米^2，占国土面积的 30.7%。因水土流失，每年损失耕地 100 万亩，在黄土高原水土流失严重区，每年流失表土 1 厘米以上。黄河上游流经人烟稀少、土壤少受破坏的地区，本是一条清流；但当其流经长期受人类活动影响的黄土高原区后，河水变得浑浊不堪。人类活动对于地表植被的破坏，是导致水土流失的罪魁祸首。

流经青铜峡的黄河，碧水盈盈（张福锁）

陕北黄土高原，长期遭受侵蚀的土地（张福锁）

流经甘肃的黄河，浊浪滔滔（张福锁）

沧桑梯田

梯田，是我国劳动人民的伟大创举。在南方丘陵山区，构筑梯田始自秦汉。梯田的修筑，使得不适宜种植水稻的丘陵山区也可以种植水稻，解决了粮食不足的问题。但由于梯田大多构筑在交通不便的丘陵山区，劳作远比平原地区艰辛。

四川米易，冬季蓄水的梯田（吕世华）

四川米易，泡水的梯田（吕世华）

贵州，种植水稻的梯田（张福锁）

贵州，刚插上水稻的梯田（张福锁）

山西大寨，石块垒成的梯田（张福锁）

黄土高原，梯田（张福锁）

黄土高原，梯田（张福锁）

黄土高原上的梯田（张福锁）

开裂的土壤

在我国很多地方的田间，经常可以看到密密麻麻分布着的土壤裂缝，如同大地肌肤上的伤口。土壤裂缝的存在，不仅造成土壤跑墒，而且影响作物根系生长。除了土壤本身黏粒组成和干旱程度外，较低的土壤有机质含量、不合理的耕作和施肥导致的土壤结构变差是造成土壤裂缝严重发生的重要原因。

四川，干旱的稻田土壤开裂（吕世华）

山东，开裂的麦田（张宏彦）

河北，春天的小麦田，裂痕斑斑（张福锁）

宁夏，土壤裂缝里艰难生长的小苗（张福锁）

东北，玉米田里的裂缝（任军）

田里的大坑和坟堆

河北曲周，因农民取土垫房基而被挖得坑坑洼洼的耕地（王欢）

在我国华北平原农区，自上20世纪80年代包产到户以后，农民家里盖房、垫高院基用土，只能在自家地里挖取，长此以往造成村庄周围的耕地凹凸不平、坑坑洼洼，严重影响机械化耕作。表层肥沃的土壤被取走后，粮食产量很低，往往要花好几年的时间来培肥。

由于大部分农村没有公共坟地，农村老人去世后，只能埋葬于自家的地里。久而久之，田间坟头林立，不仅影响耕作，而且使本来已经稀少的耕地资源越来越紧张。

河北曲周，被取走表土的耕地，无法种植小麦，只能种植耐瘠薄的花生（张福锁）

河北曲周，棉花地里的坟头（张宏彦）

河北曲周，麦田里的坟头（张宏彦）

酸化的土壤

受到自然和人为因素的双重影响，我国耕地酸化问题突出。自上 20 世纪 80 年代以来，主要耕地土壤的 pH 下降了 0.5 个单位。土壤酸化造成农作物根系生长困难、养分吸收受到抑制，对作物生长和产量造成严重不利影响。

广西隆安，酸化土壤上生长的香蕉叶片严重缺镁（李宝深）

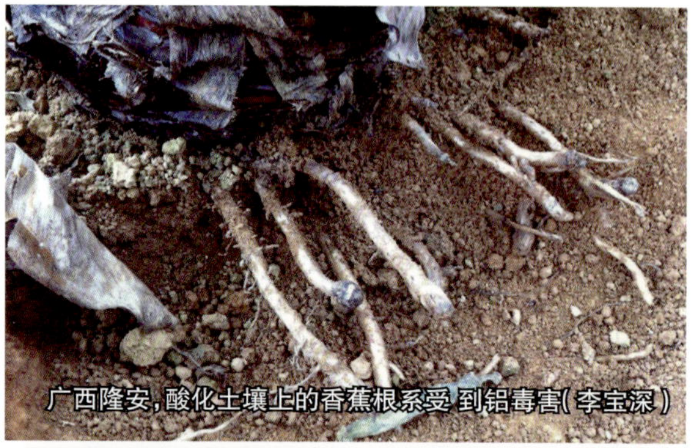

广西隆安，酸化土壤上的香蕉根系受到铝毒害（李宝深）

土壤酸化影响小麦生长发育（左，酸化土壤，右：正常土壤）（周海燕）

山东胶东，土壤酸化（上）严重影响玉米生长，下图为正常土壤上的玉米（周海燕）

撒满石灰的土壤

在发生酸化的土壤上，人们通过撒施石灰减轻酸化对作物生长的不利影响。在南方酸化香蕉园，经常可以看到由于撒施石灰而使蕉园地面呈现白茫茫一片。即使是在北方地区，很多果园和菜田土壤，也由于大量不合理施肥导致土壤酸化，促使农民不得不施用石灰。

广西，石灰遍地的香蕉园（张福锁）

广西，酸化的柑橘园（张福锁）

云南，撒满石灰的菜园（张福锁）

广西，香蕉田撒施石灰（方昭）

广西，挑石灰的农民（张福锁）

退化的草原

我国拥有的近 60 亿亩的草原和草场，有 90% 存在不同程度的退化、沙化现象。人类活动，尤其是过度放牧是造成草场退化、草原土壤荒漠化的重要原因。在广袤的西北草原，日益退化的草原不仅使牧民赖以生存的环境遭到破坏，而且直接影响他们的生活。

青海，定居引起的草原退化（张福锁）

荒凉的盐碱地

盐渍化是威胁我国土壤质量的重要因素。我国有超过 5 亿亩的盐碱荒地和受盐碱影响的耕地（不包括滨海滩涂）。在西北内陆的很多地区，由于盐碱肆虐，土地荒芜、白茫茫一片，耕地无法种植作物，只能生长一些耐盐碱的野生植物。

青海，盐碱地（张福锁）

青海，盐碱地上的脚印（张福锁）

新疆，盐碱地自然景观（冯固）

黑龙江，碱土上的水稻（冯固）

新疆，盐渍化土壤上的向日葵（冯固）

甘肃，玉米田边土壤上的盐斑（张福锁）

新疆，盐碱地（冯固）

田里的盐斑

在西北盐碱、干旱双重危害的地区，作物生长受到严重抑制，产量很低。即使是抗盐碱的向日葵也生长不良。

甘肃，玉米田间道路上的盐斑（张福锁）

盐碱为害的庄稼

在华北、华东等地区的地势低洼区，地下水矿化度高或采用含盐的水灌溉的地区，以及滨海地区，土壤盐渍化对小麦、玉米等作物的生长造成严重不利影响。在遭受盐碱危害的土壤上，春季或者灌溉后，地表返盐现象严重。

山东乐陵，盐分危害的小麦田（张福锁）

山东乐陵，盐分危害的玉米田（张福锁）

山东乐陵，麦田田埂上的盐分（张福锁）

云南，生长在盐渍化菜田土壤上的莴苣（张福锁）

盐迹斑斑的果园和菜地

在一些地区的菜田和果园，由于大量不合理施肥也导致土壤发生次生盐渍化。在盐渍化严重的菜园，蔬菜根系生长受到抑制，肥料的效果大打折扣；土壤结构遭到破坏，农民因此而大量施肥和灌溉，进一步加剧了对土壤和环境的不利影响。在果园，大量施肥导致的土壤盐渍化促使耐盐的微生物大量生长，地面长满青苔。

四川蒲江，过量施肥的柑橘园土壤表面长满青苔（吕世华）

云南，过量施肥的菜田土壤表面盐渍斑斑（张福锁）

深深的排碱沟

为了与盐碱抗争，在西北、华北等地，人们建设了很多人工排水工程以排除含盐碱的土壤水分、降低地下水位，进而减少随着土壤水分蒸发而带到土壤表层的盐碱，减轻农作物受到盐渍化危害的程度。但这一工程措施成本不菲、代价高昂。

黑龙江，碱土上的排碱渠（冯固）

新疆阿瓦提，排碱渠（冯固）

山东乐陵，排碱渠（张福锁）

撂荒的耕地

近年来，由于农业尤其是种植业生产比较效益的下降、农村劳动力成本上升、农产品市场不稳定等原因，越来越多的农民走出农村，进城打工，导致一些地方耕地荒芜，无人耕种。在南方经济发达地区，以及耕地面积小、耕种难度大的丘陵山区，耕地撂荒现象尤为严重。

四川遂宁，撂荒的稻田（吕世华）

四川射洪，抛荒稻田（吕世华）

河北曲周，废弃的蔬菜大棚（张宏彦）

四川遂宁，抛荒稻田（吕世华）

河北曲周，地头遭到破坏的杨树（王欢）

河北曲周，林带边的玉米（张宏彦）

河北曲周，麦田里的树木（张福锁）

河北曲周，林带遮荫下的麦田（张福锁）

哭泣的防护林

在作物生产饱受风灾威胁的北方农区，农田林网的建设起到了预防风灾、固化田间道路、调节农田小气候的作用。但是在分田到户、分散经营的条件下，农田林网的“大作用”与农民的“小利益”不时发生冲突。在华北农村，农田防护林大都由集体统一营造、承包给个人管理。但由于防护林对庄稼的遮荫、与庄稼争水争肥而影响粮食产量，耕地靠近林带或者在农田栽植树木的农民在得不到合理补偿的条件下对于防护林的建设产生抵触情绪，个别地方甚至出现破坏林木的行为。

2. 水资源篇

宁夏，黄河灌区（张福锁）

有水就有农业

水是农业的命脉。我国作为一个缺水的国家，不仅水资源总量少，而且时间和空间上分布很不均匀。无论是北方还是南方，缺水已成为农业生产的制约因素。尤其是在西北地区，有水的地方作物生长繁茂、大地一片生机；无水的地方黄沙漫漫，寸草不生。

甘肃，水利条件好的山谷作物长势茂盛，山上由于干旱寸草不生（张福锁）

甘肃，靠近黄河边易于灌溉的耕地生机盎然，距离河边较远的地方一片荒凉（张福锁）

河北曲周，睡在地头等着“排号”灌溉玉米的农民（雷友）

河北曲周，春季干涸见底的河流（赵伟丽）

河北曲周，夏玉米播种前农民集资打井（张宏彦）

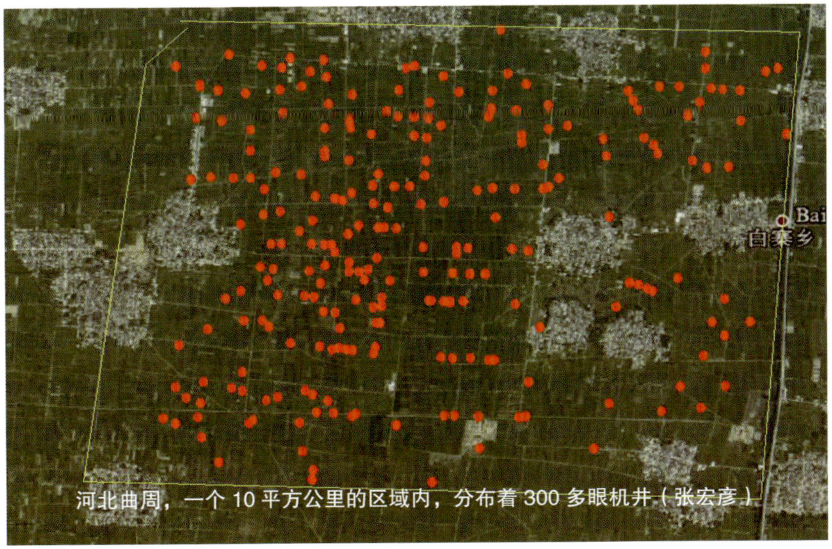

河北曲周，一个 10 平方公里的区域内，分布着 300 多眼机井（张宏彦）

干渴的华北

华北是我国的大粮仓，也是水资源严重不足的地方。近年来降雨量的减少、工业和城镇用水量的增加以及水污染，加剧了水资源的供需矛盾，农业生产严重依赖地下水，导致地下水位不断降低、打井深度不断增加、灌溉成本不断攀升，农业饱受缺水之痛。小麦春灌季节，充满水的河流沟渠往往在一两日之内便干涸见底。玉米种植季节，由于水利设施不足和出水量不够，难以保证适期播种，农民为了灌溉只能“抓号排队”，一等就是几天。为了等“号”，不惜露宿地头。其景令人心酸、心痛。

“绿水”滢滢

相对于水资源数量的不足，水体富营养化和水污染的问题更为严重。工业、生活污水、养殖场废水的排放及化肥农药的不合理使用，使得不少农村的河流、沟渠和池塘遭到不同程度的污染。严重的地方，绿藻滋生、气味难闻，不仅影响环境和人们的生活质量，而且进一步加剧了水资源短缺。

贵州，村里的池塘（张福锁）

河北，村边的小沟（张福锁）

太湖边上，村边的水渠（张福锁）

江苏，村边的池塘（谢凯柳）

河北，村庄旁漂满了垃圾的池塘（彭学可）

云南滇池，村边的水渠（张福锁）

云南滇池，菜地边长满水华的水沟（张福锁）

吉林，家庭养殖场外的排污沟（张福锁）

昔日的高原明珠

因工农业生产、生活污染物排放，我国大部分的湖泊存在不同程度的富营养化或富营养化趋势。昔日美丽的云南滇池，由于水体富营养化，水藻滋生、鱼类死亡，“高原明珠”风光不再。

云南滇池，除藻工程（张福锁）

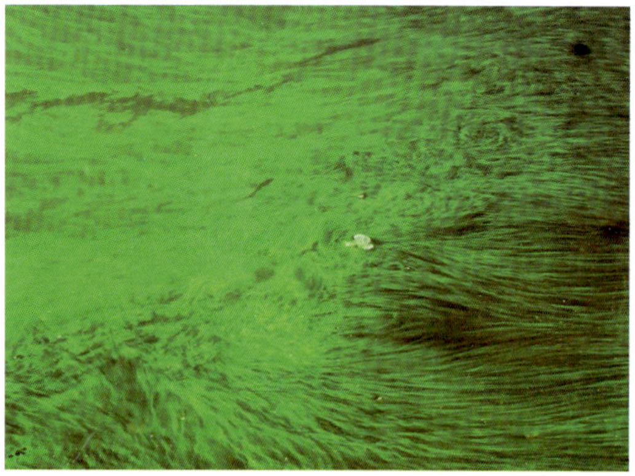

云南滇池，水面上茂盛生长的水藻（张福锁）

云南滇池，水面上漂浮的死鱼（张福锁）

云南滇池，富营养化的水（张福锁）

3. 灌溉设施篇

河北曲周，麦田里灌溉用的“小白龙”（张福锁）

华北的灌溉设施

在缺水的华北地区，粮食生产依赖井灌，井分深井和浅井两种，一口深井可以灌溉 200~300 亩的耕地，但数量不足，难以满足生产需求。很多农民因而合资挖掘浅井灌溉，但不少地区浅井的水质较差、灌溉效率低下，一些浅井还因地下水位的下降和含盐量高而被放弃。为了防止被盗，浅井平时不设井架，灌溉时临时安装，非常麻烦；农民自备的简易管道，因质量不高而跑冒滴漏现象严重。

河北曲周，麦田里的机井。一口这样的井可灌溉 200~300 亩的耕地。自 20 世纪 50 年代至今，井的深度已经由几十米增加到 300 米以上（张福锁）

河北曲周，农民在安井架（黄志坚）

山东桓台，麦田里输水的“小白龙”（张福锁）

山东乐陵，灌水时节田间道路因管道漏水而泥泞不堪（徐灵丽）

甘肃，黄土丘陵区的集雨坑（张福锁）

西北的集雨设施

在西北丘陵山区，干旱少雨，地下水也比较缺乏，因而危害极大。为了解决这个问题，国家、地方和农民投资兴建了很多田间和家庭集雨设施，可在一定程度上缓解了水资源不足的问题。

甘肃，水渠将山坡形成径流引入田间水窖（李凤民）

甘肃，菜地里的贮水窖（张福锁）

甘肃，母亲水窖（张卫锋）

四川，丘陵山区的集雨池（张福锁）

四川，蔬菜地边的蓄水池（吕世华）

四川，柑橘园中的蓄水池（吕世华）

四川，农田边的集雨池（陈范骏）

西南山区的集雨设施

在西南丘陵山区，虽然年降雨总量较大，但因年内分布不均，导致季节性干旱时有发生。加之山区交通不便、电力设施缺乏，灌溉困难。为了解决这些问题，一些地方在政府资金支持下兴建了很多田间小型集雨设施，雨季贮水，干旱季节再供应作物生长之用。

4. 田间道路篇

内蒙古呼伦贝尔，油菜田里的道路（张福锁）

通往田间深处的小路

近年来由于国家投资的增加和“村村通”等工程的实施，我国大部分地区城镇间道路修建得四通八达，乡村间公路也有一部分修建得相当不错。但在很多地方通往田间深处的道路却依然坎坷、泥泞、行走艰难。

广西田阳，城镇间的柏油路（张东）

广西南宁，村庄间的砂石路（王斌）

广西南宁，通往香蕉园深处的小路（方昭）

山东乐陵，雨后的田间砂石路（陈广锋）

河北曲周，雨后的田间土路（刘全清）

各式各样的田间道路

在华北农村，由于不同地方经济发展水平不同、国家投资力度不一，道路状况千差万别。呈现土路、砂石路、水泥路等多路并存的局面。

河北曲周，新修的田间水泥路（张晓宁）

河北曲周，田间土路（刘全清）

新旧并存的田间道路

在地广人稀的东北，不同地区由于经济发展的不平衡，田间道路状况差别很大。在农业生产规模化程度较高、效益较好的黑龙江建三江农垦，田间道路修建得笔直、漂亮；但在生产规模化程度比较低、经济效益较差的分散经营的农区，田间道路状况却不容乐观。

吉林梨树，雨后的田间道路（赵英杰）

黑龙江建三江，连接村庄和田间的土路（高显）

吉林梨树，乡间即将竣工的水泥路（赵英杰）

黑龙江建三江，通往田间的砂石路（胡潇怡）

黑龙江建三江，国有农场的田间路（高显）

在经济欠发达而多雨的西南地区，农村道路建设的不足给农民出行带来很大的不便。在四川简阳雨后的乡村小路上，一个骑车的男孩就遭遇了道路泥泞带来的巨大困难：路上的泥巴堵塞了车轮，使他不得不下来推着车艰难前行；到后来完全推不动，只好扛着车子艰难挪步。

雨后泥泞的田间道路

四川简阳，雨后乡村田间小路上骑车的男孩（吕世华）

四川简阳，田间小路上的骑车男孩（吕世华）

四川资阳，泥泞的村道（吕世华）

四川简阳，骑车男孩（吕世华）

5. 自然灾害篇

广西南宁，台风“威马逊”给香蕉生产造成毁灭性打击（迟志广）

广西南宁，“威马逊”台风侵袭后的香蕉园民工房（方昭）

广西南宁，台风中的香蕉园（方昭）

广西南宁，台风过后（迟志广）

台风后的香蕉园

近年来，由于全球变化，厄尔尼诺和拉尼娜现象频发，台风对我国东南沿海地区农业生产造成的损失逐年加剧。仅 2014 年，我国就有 3700 万亩的农作物遭受台风危害，直接经济损失近 700 亿元。2015 年，台风“威马逊”登陆广西金穗科技小院所在地区，给当地香蕉产业带来重大损失。

广西南宁，蕉农在台风过后的蕉园抢救仅存的几株香蕉（迟志广）

吉林梨树，风灾过后的玉米苗（高伟）

吉林梨树，风灾导致大树拦腰折断（高伟）

吉林梨树，风沙中的玉米苗（李贝）

风灾无情

我国北方地区，农业生产也时常遭受风灾威胁。风灾不仅引起农作物减产，而且造成农业生产设施的破坏。例如 2010 年 4 月，在河北省曲周县科技小院所在的地方，就遭遇了一场突如其来的大风，瞬间 12 级的风力将道路边上的大树连根拔起。在东北和西北，春季肆虐的风沙对幼苗期玉米的生长产生了极为不利的影响。

河北曲周，风灾过后（张福锁）

“麦倒一把糠”

由于频繁遭受风灾危害，我国主要粮食（小麦、玉米、水稻）产区，作物大面积倒伏的现象时有发生。俗话说“麦倒一把糠”，倒伏不仅造成作物严重减产，还给收获带来很大的不便，农民不堪其苦。

河北曲周，倒伏的小麦（张宏彦）

江苏新沂，风灾后的水稻田（谢凯柳）

黑龙江建三江，台风过后的稻田（申建宁）

吉林梨树，台风过后的玉米田（徐新星）

河北曲周，严重倒伏的玉米田（张宏彦）

内蒙古，洪灾过后的树林（张福锁）

涝灾过后

无论是南方还是北方，雨季集中降雨导致的洪灾对农业生产均有极为不利的影响。在山区，洪水不仅冲毁庄稼，而且毁掉农民辛苦营造的宝贵耕地，造成不可弥补的经济损失。仅 2014 年我国就有 7000 万亩农作物遭受洪涝灾害，绝收近千万亩。即使在缺水的北方，在某些年份，雨季集中降雨也会引发严重的涝灾。2013 年 8 月，曲周科技小院所在的曲周县北部地区突遭强雨袭击，由于排水渠道废弃、堵塞，导致玉米、棉花等作物严重受涝，农民损失巨大。

广西田阳，连续几天大雨后的稻田（张东）

吉林梨树，遭受涝害的玉米（张福锁）

河北曲周，农民在涝灾后的田间排除积水（管延杰）

天降冰雹

近年来随着全球气候变化，极端气象灾害不断，一些地方冰雹灾害频发。由于冰雹灾害的突发性及巨大的破坏性，一旦发生对农业生产就会造成很大经济损失。我国每年因冰雹灾害造成的经济损失少则几亿元，多则几十亿元。2015 年河北涿鹿科技小院所在地区突遭冰雹袭击，导致葡萄园颗粒无收，果农损失惨重。

陕北，冰雹袭击后的玉米田（张福锁）

河北涿鹿，雹灾过后的玉米田（马振朝）

河北涿鹿，雹灾过后的葡萄园（马振朝）

冻害不分南北

近年来全球不仅呈现逐步变暖趋势，而且极端天气过程频繁出现，冬季冻害、春季冷害等气象灾害频发。不仅在北方地区冻害发生会对农业生产造成很大不利影响，而且在南方地区农作物也经常发生冻害。河北曲周科技小院所在的地区，由于农民盲目用河南等地的半冬性小麦品种代替原先的冬性品种，导致2009年冬、2010年春小麦发生严重冻害。2016年初，在金穗科技小院所在的广西亚热带地区，寒潮导致香蕉严重冻害。

广西隆安，遭受冻害的香蕉（迟志广）

河北曲周，冻害后的麦田（张宏彦）

河南长葛，小麦发生冻害（叶优良）

广西隆安，冻害后的香蕉园（张江周）

旱灾无处不在

相较于其他自然灾害，旱灾对我国农业生产的影响尤其普遍。如华北地区玉米喇叭口时期的“掐脖旱”、西北玉米和小麦全生育期干旱和东北地区玉米后期干旱，均对粮食生产产生严重不利影响。南方虽然年均降雨量大，但因降水年内分布不均，季节性干旱时有发生。2014 年，全国有 1.8 亿亩的农作物遭受旱灾，绝收 2250 万亩。

吉林梨树，遭受旱灾的玉米（张福锁）

陕西，遭遇春旱的麦田（张福锁）

广东徐闻，干旱的菠萝田（张江周）

吉林梨树，遭受严重干旱的玉米（陈范骏）

吉林梨树，爬满黏虫的玉米（伍大利）

吉林梨树，啃食玉米叶的黏虫（伍大利）

吉林梨树，叶片被黏虫吃光的玉米田（陈亚超）

黏虫来袭

病虫害是农业生产的死敌。在某些年份，虫害对作物的影响达到令人吃惊的程度。2012 年，梨树科技小院所在的东北玉米产区爆发了严重的粘虫危害，未及时防治的地块，玉米大幅度减产甚至绝收。害虫肆虐，与不利的气象条件、生态环境破坏、单一化的作物种植和缺乏有效预警、预防措施有关。

河北曲周，穗腐病危害玉米（张宏彦）

广东，稻田病害（钟旭华）

河北滦南，大棚番茄病害（王帅）

河南西平，小麦遭受全蚀病危害（叶优良）

江苏新沂，发生病害的稻田（谢凯柳）

病害肆虐

相较于虫害，病害的发生更让农民头疼。农民为防治病害，花费了大量的资金、时间和人力。为了防治病害而喷洒农药，也加剧了人们对农产品安全的关注和担忧。

虫“食”

农作物不仅是人类的食物来源，也是众多害虫的食物。没有了农药等植保措施的保护，肆虐的害虫可以将树木的叶片采食殆尽，也会使果园的水果“全军覆没”，使粮食大幅度减产甚至颗粒无收。

新疆，害虫蚕食杨树叶（张福锁）

新疆，杨树叶上的害虫（张福锁）

河北曲周，蚜虫危害玉米（张宏彦）

广西田阳，甲壳虫啃食芒果果实（张东）

虫“室”

在自然界，有些害虫在与自然的斗争中，进化出很多不可思议的功能。危害柳树的柳瘿蚊就是其中的一种。柳瘿蚊的成虫在采食柳树叶片过程中，通过分泌化学物质，刺激柳树组织增生以产生保护它们幼虫的瘿瘤。在这一过程中使柳树生长受到严重影响。

甘肃，被柳瘿蚊危害的柳树叶（张福锁）

柳瘿蚊刺激柳树增生产生瘿瘤（张福锁）

瘿瘤内害虫幼虫（张福锁）

四川彭州，稻田里用以防鸟的“稻草人”（吕世华）

甘肃武威，麦田边的防鸟网（吕世华）

四川遂宁，遭受鸟害的水稻（吕世华）

四川新津，稻田边的防鸟网（吕世华）

河北曲周，谷子田里的“稻草人”（张宏彦）

田里的“稻草人”

对于某些种植面积不大、成熟时恰逢鸟类觅食困难期，以及鸟类容易采食的作物而言，鸟害是一个不容忽视的问题。在北方的谷子田、南方的稻田，经常可以见到农民放置的用以驱鸟的五颜六色、形状各异的“稻草人”。在一些鸟类危害严重的地方，农民们甚至在田边拉起密密麻麻的防鸟网以保护自己的庄稼。不少鸟类，成为牺牲品。

6. 秸秆篇

河南禹州，夜晚焚烧小麦秸秆的麦田火光冲天（张小涛）

遍地秸秆

整齐摆放在田间的一堆堆的秸秆往往让人们感受到浓浓的田园气息。然而，乱堆乱放的秸秆却成为一些地方农村令人头疼的影响村容村貌的大问题。

四川，油菜水稻轮作田里的油菜秸秆（吕世华）

四川，稻田里的水稻秸秆（张福锁）

贵州，稻田里的稻草堆（吕世华）

陕西，路边的秸秆堆（张福锁）

甘肃，堆满街道的秸秆（张福锁）

宁夏，堆放在打谷场的麦秸（张福锁）

四川中江，油菜田里的火光（吕世华）

吉林梨树，秸秆焚烧后的玉米田（李贝）

黑龙江建三江，傍晚燃烧的稻田（吴海兵）

广西田阳，燃烧的稻田（张东）

田野里的火光

在我国农区，每年作物收获季节，也是秸秆焚烧的集中时期。秸秆焚烧严重的地区，往往白天浓烟遮天蔽日、夜晚火光冲天，不仅影响空气质量，而且严重影响航班起降。地方政府为了禁烧秸秆，投入了大量人力、物力和财力，不堪重负。

河北曲周，播种在秸秆上的小麦苗因长势弱小，被农民称作“吊死鬼”（张宏彦）

秸秆还田

秸秆还田是一项秸秆资源化利用的好技术，不仅可减少秸秆焚烧对环境的污染，还可培肥地力、增加粮食产量、减少化肥用量。因此这一技术在我国主要农区均得到了广泛应用。但在不少的地方，因秸秆还田量过大及机械质量差导致秸秆还田质量不高，出现作物播种质量受影响、病虫害加剧等问题，影响了农民采用秸秆还田技术的积极性，间接助推了秸秆焚烧。

河北曲周，因小麦秸秆还田质量不好，在玉米播种前，农民使用灭茬机对其进行二次粉碎（张宏彦）

河北曲周，不同的玉米秸秆还田方法。左图：整株翻压还田（赵伟丽）；右图：切段还田（曹国鑫）

河北曲周，秸秆生产生物质燃料块（赵伟丽）

河北曲周，小麦秸秆打捆（赵伟丽）

河北滦南，玉米秸秆粉碎青贮（崔士通）

甘肃，秸秆养牛（张福锁）

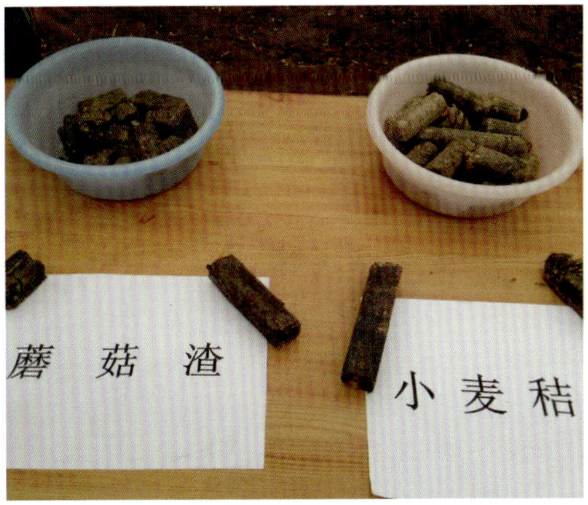

河北曲周，用麦秸和蘑菇渣生产的生物质燃料块（赵伟丽）

变废为宝

除了秸秆还田之外，利用农作物秸秆压块生产生物质燃料块，不仅可解决作物秸秆还田过多导致的生产问题，还可缓解农村能源紧张的问题。而利用丰富的秸秆资源发展养羊、养牛等畜牧业也是一条秸秆“变废为宝”的好途径。

河北曲周，打好捆堆在地里准备运到加工厂生产生物质燃料的秸秆堆（赵伟丽）

秸秆种菇

秸秆作为一种有机物，可为微生物生长繁殖提供丰富的营养。近年来随着农业技术的进步，利用农作秸秆种植食用菌，逐渐成为一条效益很好的秸秆资源化利用途径。在四川金堂，以秸秆为原料生产的珍贵的羊肚菌不仅味道鲜美，而且价值不菲，给农民带来很高的经济收入。

四川金堂，稻菇轮作（吕世华）

四川金堂，稻田种植蘑菇（吕世华）

四川金堂，在稻草堆里采蘑菇的妇女（吕世华）

四川金堂，利用秸秆种植的羊肚菌破土而出（吕世华）

秸秆覆盖

在果树、蔬菜等园艺作物栽培中，采用农作物秸秆对土壤进行覆盖，是一项既经济又环保的秸秆利用方式，不仅可保持土壤水分、培肥土壤，还可抑制杂草，减少病害发生，降低除草、病虫害防治用工。秸秆覆盖还可使农作物产品质量更好、更安全。

四川简阳，利用水稻秸秆与油菜免耕套作的马铃薯（吕世华）

四川彭州，水稻秸秆成为蘑菇遮荫的天然材料（吕世华）

四川简阳，水稻秸秆铺在油菜行间，保水抑草，一举两得（吕世华）

四川，麦秸和锯末覆盖的柑橘园（张福锁）

广西，覆盖着玉米秸秆的火龙果园（张福锁）

7. 农膜篇

广西隆安，塑料拱棚保护的香蕉苗（张福锁）

膜光闪闪

近年来地膜在我国农作物生产中得到了广泛的应用。每年我国地膜覆盖面积达到2亿亩，地膜用量超过100万吨，居世界第一。在北方干旱、半干旱地区，地膜由于其保水、保土、增温、抗旱增产作用更是得到大面积的应用。在西北地区，大面积应用地膜使得早春的田野呈现一片银白色。

甘肃，从地膜下抠出玉米苗（张福锁）

甘肃，种植西瓜的小拱棚（张福锁）

甘肃，地膜包围的村庄（张福锁）

甘肃，双垄沟地膜玉米（张福锁）

甘肃，地膜玉米（张福锁）

盖住盐碱

在北方盐碱地上，地膜因具有减少土壤表面水分蒸发、减轻土壤返盐现象、促进幼苗根系生长的作用而得到广泛应用。在曲周科技小院所在的华北地区，每到棉花播种季节，地里随处可见铺地膜的农民。

河北曲周，棉田机械铺膜（曹国鑫）

河北曲周，种植在盐碱地上的棉花（张福锁）

河北曲周，棉田人工铺设地膜（曹国鑫）

宁夏，铺满地膜的盐碱地（张福锁）

新疆，盐碱地上种植棉花（冶军）

江南春早

不仅是在北方，在温度较高、降雨量较大的南方地区，地膜也被广泛应用到反季节蔬菜和水果等作物的生产中。地膜的应用，提早了早春作物的收获时期而延长了秋、冬季作物的收获时间，弥补了淡季农产品供应的不足，给农民带来很大的经济效益。

云南，早春的田野（张福锁）

四川成都，种植草莓的小塑料拱棚（吕世华）

四川米易，山区的地膜玉米（吕世华）

四川邛崃，小拱棚西瓜（吕世华）

广西桂林，山坡上的柑橘园披上了“天膜”（张福锁）

“天膜”内的柑橘新鲜诱人（张福锁）

广西桂林，山谷中柑橘园（张福锁）

“天膜”上山

塑料不仅可以做“地膜”，还可以做“天膜”。在南方生产柑橘的丘陵山区，为了使柑橘能在春节前上市，延长保鲜期以卖个好价钱，农民们希望柑橘较长时间地留在树上。为了防止挂果期间出现冷害，“天膜”技术被广泛应用。每到早春季节，柑橘产区，银白色的天膜漫山遍野，蔚为壮观，而天膜应用带给农民的经济效益也非常可观。

水稻也铺地膜

在西南丘陵水稻产区，为了节水抗旱、抑制杂草、提高地温、减轻冷害和病虫害，由四川农科院研究的水稻覆膜栽培技术，得到了大面积的推广应用，起到了明显的增产增收和节水的效果。

四川资阳，覆膜栽培的水稻田（吕世华）

四川资阳，稻田铺膜（吕世华）

四川资阳，水稻覆膜栽培（吕世华）

四川中江，覆膜栽培的稻田（吕世华）

新疆，棉田残留地膜影响耕作（冶军）

新疆，棉田地面上残留的地膜（何文清）

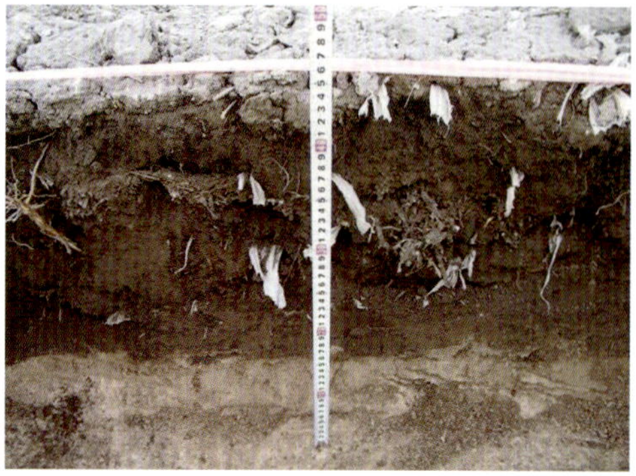

新疆，棉田耕层残留的农膜（何文清）

白色污染，不容小觑

农膜的应用虽然极大地促进了农业增产增收，但我国每年高达 100 万吨的农膜用量也给环境带来了不小的“麻烦”。由于农膜分解速度慢，长期使用会造成土壤农膜残留过多，影响播种质量和幼苗根系生长。随处乱飞、挂满树梢的农膜碎片还大大影响了环境质量。

内蒙古，挂在树梢上的农膜随风飘舞（张福锁）

地膜回收，不堪其苦

为了减少地膜残留土壤对作物播种质量的不利影响，人们投入很多精力用于地膜回收，大大增加了生产用工成本。不恰当的地膜处理（焚烧、乱堆乱放）也对空气和水的质量造成不利影响。

新疆，棉花播种前农民在地里捡拾地膜（冶军）

甘肃，捡拾农膜（张福锁）

新疆，焚烧地膜（冶军）

甘肃，拉地膜（张福锁）

8. 农药篇

河南禹州，果农夫妇在果园熬制用于防治果树病害的石硫合剂（张小涛）

喷洒农药—无奈之举

由于病虫草害的频繁发生及其对农作物的危害，现代农业生产中农药的使用越来越普遍。无论是北方还是南方，粮食作物还是经济作物，田间随处可见农民们打药的身影。对于农民而言，背着药桶、闻着农药味、冒着可能对自己健康的损害深入田间打药，并非情愿，而是被逼无奈。

广西隆安，蕉农在为香蕉喷洒农药（方昭）

广西田阳，妇女为番茄喷洒农药（张东）

山东乐陵，农民为药材幼苗喷洒农药以防治地下害虫（陈广锋）

失去农药保护的作物

在享受农药等植保措施带来的产量增加、农产品供应丰富的成果之时，出于对自身安全状况的关注，人们对农药使用带来的农产品安全质量问题的担心与日俱增。不少人甚至排斥、指责农药的应用。如果深入实际生产，了解了由于病虫害发生而导致的严重后果时，大家对于使用农药问题的看法可能更为理性。

山东乐陵，没有及时喷洒农药的枣园遍地落枣，几近绝收（张宏彦）

四川什邡，没有打药的晒烟（吕世华）

北京郊区，没有打药的柿子成为病菌的食物（张福锁）

新疆，没有喷洒农药的苹果被害虫蹂躏得千疮百孔，失去商品价值（张福锁）

为了保护我们的食物

在对抗农业病虫害的“战斗”中，农民采用的方法可谓“五花八门”。无论是最原始的背负式喷雾器，还是现代化的植保飞机，都在做着一件事：捍卫我们的餐桌。

河北曲周，麦田喷洒除草剂（张宏彦）

黑龙江建三江，水稻种植大户用无人机喷洒农药（吴海兵）

黑龙江建三江，国有农场采用农用飞机喷洒农药（石伟）

河北曲周，农民用机动喷雾器防治棉田害虫（张福锁）

河南禹州，小麦打药（张小涛）

四川米易，稻田喷施农药（吕世华）

四川金堂，水稻喷药现场一地狼藉（吕世华）

山东桓台，合作社打药现场（张福锁）

山东烟台，沾满石硫合剂的苹果（张福锁）

四川遂宁，稻田边的农药袋（吕世华）

农药是把“双刃剑”

四川米易，农药使用不当导致茄子发生药害（吕世华）

农药是把“双刃剑”：用好了，会给农业生产带来很大的效益；用不好，则不仅不会起到防病防虫作用，还会影响环境和人体健康。在我国农村，经常可以看到因农药使用不当而使农作物出现药害的现象；而田间地头乱堆乱扔的农药瓶则引发了人们对其可能产生的对环境不利影响的担心。

四川简阳，甘蓝药害（吕世华）

9. 农资篇

在农业生产中，使用高质量的农资是作物增产增效的关键。在我国很多地方的农区，农资市场品种繁多，质量良莠不齐，价格千差万别，往往令农民眼花缭乱，无所适从，不知如何选择。在曲周科技小院所在的地区，小麦播种季节市场上同时存在多达 50 种以上的成分各异的配方肥，种子和农药种类更是不计其数。如何买到质优价低农资已成为很多农民最大的愿望。

河北曲周，用舌头鉴别肥料真伪的农民（曹国鑫）

农资店里令人眼花缭乱的肥料（左图，张福锁）和种子（右图，吕世华）

河北曲周，因购买的种子纯度不够，小麦生长出现“二层楼”现象（张福锁）

10. 耕作篇

河北曲周，一户农民在地里（曹国鑫）

辛勤耕耘

对于种植业而言，一切的农事活动都先从耕地开始。通过翻耕，使土壤变得更加疏松，促进土壤养分释放，为下一步整地、播种打好基础。在我国北方和南方旱作区，由于不同地区农村经济发展水平不同、机械化程度不一，地块面积大小各异，每到耕作播种季节，田里经常可以看到人工、畜力、各种大中小型机械同时工作的热闹场面。

甘肃，手扶拖拉机耕地（张福锁）

广西，耕地的水牛（张福锁）

河北，耕地的骡子（张宏彦）

云南，拖拉机在坡地上艰难前行（张福锁）

河北，合作社的大型拖拉机在耙地（王雯雯）

热闹的田野

相对于旱地，水田的耕作显得更为辛苦。由于生产条件的不同，我国不同稻区水稻耕作方式各异。在南方丘陵、山区，由于地块小，机械通常无法使用，因此长期以来一直沿袭人工、畜力耕作的方式。在东北耕地面积较大的稻田，手扶拖拉机等耕作机械在水田得到应用。在建三江科技小院所在的国有大农场，由于水稻种植成规模、集中连片，大型现代化耕作机械得到广泛应用，生产效率大大提高。

四川，稻田人工整地（张福锁）

云南，稻田整地（张福锁）

四川简阳，覆膜稻田平整厢面（吕世华）

云南，稻田整地（张福锁）

吉林梨树，稻田耕作的手扶拖拉机（伍大利）

四川资阳，稻田翻压浮萍（吕世华）

11. 播种篇

吉林梨树，玉米播种（伍大利）

吉林梨树，玉米拌种（米国华）

河南禹州，点播玉米（张小涛）

吉林梨树，玉米坐水播种（徐卓）

玉米播种

在我国大部分地区，玉米播种基本实现了机械化。然而由于农机、农艺配套性差，玉米播种中依然存在很多问题。在山东、河南等地，由于小麦秸秆还田质量不高以及还田量过大，导致夏玉米机播困难，一些农民不得不转而人工点播。在东北春玉米产区，春季干旱给玉米播种带来了很大困难，为了保苗，农民们不得不在播种机后面加带一个笨重的大水罐。

山东乐陵，夏玉米播种，农民手持铁叉紧跟拖拉机以随时清理被秸秆堵塞的播种机（陈广锋）

秧苗青青

四川，用于机插秧的秧苗（吕世华）

四川，运秧苗（张福锁）

“手把青秧插满田，低头就见水中天”。插秧的季节是充满希望的，但也是异常辛苦的。“弯腰弓背”是插秧的标准姿势，站在水田里插秧往往很快就会使人腰酸背痛。即使在生产机械化较为发达的今天，在南方不便机械操作的小块稻田，手工插秧仍然很普遍。

云南，插秧季节的稻田（张福锁）

吉林，插秧（伍大利）

广西，抛秧（张东）

机声隆隆

随着农业科技发展，近年来各种型号的插秧机械逐步在生产中得以应用。插秧机将农民从繁重的劳动中解放出来，极大提高了劳动生产效率。目前我国水稻机插秧率已达 70% 以上。在黑龙江农垦国有大农场，机插秧率达到 100%。

黑龙江建三江，种植大户采用机械插秧（吴海兵）

黑龙江建三江，机械插秧（王红叶）

四川遂宁，机插秧（吕世华）

小麦播种

在我国大部分地区，小麦播种也基本实现了机械化。但由于配套机具的缺乏或作业质量不高，播后镇压等环节仍存在人力、畜力并用现象。在华北小麦、玉米轮作区，由于玉米秸秆还田量大、粉碎效果不理想，给小麦播种带来不小的麻烦。

河北曲周，小麦播种机在田间工作（魏素君）

河北曲周，小麦播后打埂（王雯雯）

河北曲周，小麦播后镇压（张宏彦）

经济作物播种

相对于粮食作物播种大多实现了机械化，很多经济作物播种却依然依靠人工。在南方甘蔗种植中，农民需要将种蔗一根根切好放入垄内；在广东徐闻菠萝产区，移栽菠萝的农民，经常被菠萝带刺的叶子划破手。在山药种植中，为了生产出高质量的产品，田里更是被挖出深深的坑。

广西，种甘蔗（张福锁）

广东徐闻，移栽菠萝（张江周）

河北滦南，种山药（崔士通）

广西隆安，香蕉定植（张学娟）

12. 灌溉篇

河北曲周，棉田播前灌溉（张福锁）

大水漫灌

我国虽是水资源严重短缺的国家，农业生产中水资源浪费的现象却很严重。受制于灌溉条件不足与落后，大水漫灌现象较为普遍。不仅浪费了宝贵的水资源，而且降低了灌溉效率，增加了灌溉成本，造成养分流失，影响环境质量。

北京平谷，桃树灌溉（张福锁）

山东乐陵，小麦灌溉（张宏彦）

山东寿光，大棚蔬菜灌溉（李俊良）

河北曲周，麦田春溉（张宏彦）

喷灌技术

面对日益严峻的水资源短缺问题，节水农业成为我国农业发展方向。在现代化的农业种植企业里，喷灌技术因其节水、省工、增产作用而率先得以应用。随着国家和政府的大力宣传和推广，在小麦、玉米等粮食作物生产上，喷灌、微喷灌技术也在逐步得到农民的认可。

山东，小麦微喷灌（张福锁）

河南长葛，小麦微喷灌（安志超）

吉林梨树，玉米喷灌（陈亚超）

河北曲周，小麦喷灌（王冲）

内蒙古，马铃薯生产企业的大型灌溉设备（张福锁）

滴灌技术

相对于喷灌，滴灌不仅可减少输水过程中的水分损失，而且可减少土壤水分无效蒸发，实现根区精确浇水，因而节水效果进一步提高。加上省工、增产，可以水、肥同步施用，因而在经济作物生产中逐步得到应用。尤其在新疆棉花产区，应用最为普遍。近年来，在干旱、半干旱地区的粮食作物上，滴灌技术也逐步得到示范应用，表现出良好的增产、增效潜力。

吉林梨树，玉米滴灌（伍大利）

新疆，盐碱地地膜水稻（冶军）

新疆，棉花膜下滴灌（张福锁）

山东，桃树滴灌（李俊良）

四川米易，给大棚蔬菜冲施肥料（吕世华）

山东寿光，蔬菜冲施肥料（张福锁）

云南，农民自制的蔬菜水肥一体化设备（张福锁）

海南，西瓜水肥一体化（张福锁）

农民的水肥一体化

把施肥和灌水有机结合起来不仅可提高水肥资源的利用效率，起到良好的增产作用，还可以大大减少施肥、灌溉的用工。在长期的农业生产实践中，农民们就创造出很多的水肥一体化的方法。寿光的农民将肥料化在灌溉水中冲施，可以说是最原始的水肥一体化。更多地区的农民，借助灌溉系统将施肥与灌水巧妙地结合在一起。方法虽土，效果却很好！

砂田庄稼

在我国西北的甘肃、宁夏等地，干旱少雨，蒸发量大，农作物产量低、效益差。在与干旱进行长期斗争的实践中，当地农民们奇迹般创造出砂田种植庄稼的奇迹。将不同粒径的砾石和粗砂覆盖在土壤表面，作物种植其中。粗砂和砾石不仅大大减少了土壤水分蒸发量，提高了有限水资源的利用效率，而且蓄水保墒、增温、压碱、减少土壤侵蚀及防草作用明显。砂田上种植的西瓜和水果不仅甘甜可口，而且耐储运，是果品中的上品。

宁夏海原，砂田西瓜（何文寿）

甘肃，砂田桃树（张福锁）

宁夏，农民在给砂田西瓜苗浇水（张福锁）

宁夏海原，砂田西瓜丰收在望（何文寿）

13. 施肥篇

四川，农民在撒施化肥（吕世华）

“潇”撒肥料

在大多数农作物生产都实现了机械化的今天，由于施肥机械发展滞后，人工撒施仍然是大多数农作物追肥的主要方法。无论是在粮田还是菜地、果园，经常可以看到一手拿盆、一手撒肥的农民。这一场面看似潇洒，其实辛苦异常。

河南临颍，菜地撒肥料（叶优良）

河北曲周，小麦播种前撒肥料（张宏彦）

山东乐陵，农妇在雨后的玉米田撒肥料（张宏彦）

甘肃张掖，辣椒田施肥（张福锁）

山东禹城，小麦追肥（张福锁）

白花花的肥料

在农业生产中，由于缺乏合理施肥方法以及相关知识，肥料浪费的现象随处可见。不合理的施肥不仅造成肥料浪费和农民的经济损失，而且还严重污染环境。而要解决这些问题，需要全社会不断努力，逐步提高农民的科学施肥技术水平。

广东徐闻，菠萝地里的肥料（张福锁）

广东徐闻，辣椒地里的肥料（张福锁）

山东乐陵，麦田撒施的肥料（张伶波）

河北曲周，玉米地里撒施后“等雨”的肥料（张福锁）

不轻松的机械施肥

相对于人工撒施，机械施肥无疑是实现肥料深施、提高肥料效果和施肥效率的好方法。但由于缺乏合适的高效、轻便追肥机械，田间农民采用五花八门的追肥机“作业”的场面看起来并不轻松。

河北曲周，农民用小型追肥机给玉米追肥（张福锁）

山东乐陵，用自制撒肥机施肥的农民（陈广锋）

甘肃，菜田追肥（张福锁）

河北曲周，一户农民给林木施肥（胡芙蓉）

农民的“精准施肥”

在长期的农业生产实践中，农民们也摸索出了很多“精确”的施肥方法。虽然这些方法费力、费时，但由于其能够将肥料准确地施到作物根系集中分布的区域，可有效提高肥料的利用率、节省肥料用量和成本，得到不少农民的“青睐”。

河南禹州，农民用施肥枪为玉米追肥（张小涛）

四川，农民为玉米浇粪液（张福锁）

陕西，蔬菜逐棵施用球肥（张福锁）

云南，烟草逐棵施草木灰（张福锁）

广东徐闻，菜地浇施粪液（严程明）

粪香扑鼻

各种动物的粪便在人们的印象中是肮脏且令人唯恐避之不及的。但是当粪便与农作物秸秆混合并经过微生物的发酵作用后，会生产出散发出淡淡香味的肥田之宝—有机肥。有机肥不仅可肥田、增产，替代化肥，而且因其所含养分多样而均衡，生产出的农产品更健康、风味更浓郁，因而在蔬菜、水果等经济作物生产中被广泛使用。

甘肃，大棚边上的有机肥堆（张福锁）

云南，菜地边的沤粪池（张福锁）

山东，玉米田边的沤粪池（张福锁）

河北滦南，菜农在菜地旁堆制有机肥（王帅）

粪桶悠悠

在南方多雨地区，人畜便后的粪水经过微生物的发酵，也会成为不可多得的肥田“利器”。粪水中不仅富含多种作物所需的养分，而且还含有各种有益微生物和植物活性成分。粪水浇灌的庄稼不仅生长更健壮，而且质量更好，因而受到农民“青睐”。运输粪水的，大多是半米多高的圆形木桶。

四川简阳，挑粪水的农民（吕世华）

四川什邡，稻田施用猪粪水（吕世华）

四川江油，田边的粪水桶（吕世华）

四川，田里的沤肥桶（张福锁）

晒干的牛粪

在青海、西藏等地，牛粪是牧民的宝贝。与农区不同，它不是被作为肥料，而是晒干后被作为燃料使用。在藏区的牧场上、牧民房屋外的墙上，以及路边的大石头上，经常可以看见正在晾晒着的牛粪块，以及堆码得整整齐齐的牛粪堆，成为高原一景。

西藏，草地上的干牛粪堆（张福锁）

青海，贴在墙上晾晒的牛粪（张福锁）

青海，晒在石头上的牛粪（张福锁）

西藏，草地上的干牛粪堆（张福锁）

田里的肥堆

在传统农业生产中，有机肥被作为培肥土壤、增产粮食的重要措施而广泛应用。农民在农闲时间把有机肥从家里拉到地里存放，在有机肥被深翻到土壤中之前，为了防止其中养分的损失并便于施用，会将其一堆堆间隔一定距离整齐摆放在田间。于是，在很多地方的田头，可以看到由一行行整齐堆放的有机肥堆组成的亮丽农田“风景线”。

云南，菜地里的有机肥堆（张福锁）

吉林梨树，田里的肥堆（甄晓星）

河北曲周，农民在挖过土的田里施用有机肥以改良土壤（张福锁）

四川蒲江，猕猴桃园边上的商品有机肥（吕世华）

四川简阳，果农为梨树施用有机肥（吕世华）

海南，香蕉施有机肥（张福锁）

河北曲周，妇女们在地里施有机肥（张晓宁）

施有机肥

有机肥的作用虽大，但施用起来却费工、费力，随着当前农村劳动力成本的不断增加，在经济效益较低的粮食作物生产中有机肥的应用越来越少，而在经济效益较好的蔬菜、果蔬等经济作物上有机肥的应用却依然很普遍。

吉林梨树，玉米田施有机肥（伍大利）

14. 田间管理篇

云南，玉米田中耕（申建波）

江苏，中耕的农民（张福锁）

河北曲周，麦田中耕（张福锁）

河北曲周，棉田中耕（张福锁）

锄禾啊日当午

“锄禾日当午，汗滴禾下土”是一首流传了千年的描绘农作艰辛的诗句。在农业生产机械化快速发展的今天，一些地方人工耕作依然是农业生产的不可或缺的手段。

河北曲周，农民采用自制农具为麦田划锄以保墒抗旱（张宏彦）

草长苗稀

俗话说“草长苗稀”，农业生产中防治杂草对于提高作物产量的意义不言而喻。目前，在大规模商业化的作物种植区，杂草防治已基本实现了机械化，但是在山区以及经济作物种植区，出于对除草剂危害的担心以及缺乏可有效防除杂草的除草剂，田间依然不乏农民人工除草的身影。

云南怒江，农民在坡地上除草（张福锁）

广西隆安，农民在火龙果园除草（王金乔）

四川简阳，菜园除草（吕世华）

四川蒲江，农民用割草机为柑橘园除草（吕世华）

四川邛崃，猕猴桃梳花（吕世华）

北京平谷，桃树授粉（张福锁）

河北曲周，苹果疏花（陈延军）

与花为伍

在果树生产中，提高坐果率是提高产量的重要途径。对于那些不易坐果的果树，农民通常会采用多种方式进行人工授粉，一棵树成千上万朵花，要授一遍粉，其辛苦可想而知。对于那些开花较多、容易坐果的果树而言，为了减少开花结果对树体养分的无效消耗，农民会采取人工方法去除多余的花，这一工作同样辛苦不堪。

山东，果农为苹果树授粉（姜远茂）

套出安全

近年来，出于人们对水果品质和安全的关心，套袋技术在果树生产中得到了广泛的应用。无论是在北方还是南方的果园，都可以看到挂满树枝的果袋。这些白色的、黄色的、褐色的、样式各异的果袋犹如给水果套上了一层保护衣。果袋里生长的水果因较少遭受病虫害危害以及接触到农药而外表光洁、颜值好、安全性高，深受市场和消费者欢迎。

广西田阳，套袋的芒果树（张东）

四川蒲江，套袋的柑橘树（吕世华）

河南禹州，套满果袋的梨树（张小涛）

四川蒲江，套袋的猕猴桃（吕世华）

山东乐陵，枣树套袋（陈广锋）

香蕉炼成记

广西隆安，香蕉抹花（张学娟）

很多人喜欢吃香蕉，却未必知道香蕉是如何生产的。除了要面对台风等气象灾害外，香蕉栽培管理过程也非常繁琐。仅仅在开花以后，就要进行抹花、套袋、垫果、绑绳、打药、施肥等多项管理。为了生产合格的产品，每一个环节都不能马虎或缺少。正是农民田间的辛苦劳作，换来了我们餐桌上香甜的香蕉。

广西隆安，香蕉垫果（张学娟）

广西隆安，绑绳（王斌）

广西隆安，打药（余赟）

广西隆安，套袋（余赟）

一亩田，十亩园，

通常人们会抱怨蔬菜价格的居高不下，却很少有人体会到菜农劳作的艰辛以及蔬菜生产的不易。常言道“一亩园，十亩田”，说的可不仅仅是菜园的收入远高于粮田，还有菜地劳作的艰辛程度远大于粮食生产。没有菜农的辛勤劳动，就不会有我们餐桌上新鲜、可口的蔬菜。

安徽马鞍山，菜农在田间劳动（卢星辰）

河北徐水，顶着露水为大棚揭草帘（王耀聪）

北京郊区，农民在草莓大棚中劳动（雷伟伟）

广西田阳，菜农为蔬菜搭架（张东）

广西田阳，番茄浇水（赵丹）

15. 收获篇

广西，稻子熟了（张福锁）

四川安岳，水稻收获（吕世华）

四川成都，水稻收获（吕世华）

江苏新沂，种植大户用机械收获水稻（谢凯柳）

黑龙江建三江，国有农场水稻收获（江荣风）

稻谷飘香

水稻成熟的季节是金色的季节，也是忙碌的季节。如今，在我国很多地方，水稻收割都实现了机械化。但是在西南山区以及南方一些地区小块、分散种植的稻田上，传统的人工收获场景依然常见。

四川简阳，收获再生稻（吕世华）

麦收时节

河北曲周，小麦丰收（赵伟丽）

在炎热的天气里用镰刀收割小麦是大多数人对小时候小麦收割的记忆。随着社会的发展、技术的进步以及劳动力成本的增加，现在我国大部分地区小麦的收割都已经实现了机械化。只有在西北和西南等小块地上以及间套作种植条件下，因机械操作不便，人工收获的方法依然在延续。

陕西，人工收获小麦（张福锁）

甘肃，农民用割草机收割与玉米套种的小麦（张福锁）

河北曲周，小麦机收（黄成东）

山东惠民，本世纪初小麦机收场景（崔振岭）

河南禹州，玉米收获（张小涛）

玉米收获

在玉米收获中，近年来联合收割机的应用越来越多。但在不少地区，由于机械收获的价格较贵，很多农民仍然沿用手工收获方法，以期减少生产成本。

陕西，人工收获玉米（张福锁）

河北曲周，人工收获玉米（赵鹏飞）

山东，玉米收获（李俊良）

河北曲周，机械玉米收割（张宏彦）

田间采收的玉米在储藏或销售之前，还要进行剥皮、脱粒等工作。在很多地方，由于缺乏适合的机器，这些工作通常由人工完成，而承担这一耗费时间的工作的，则大多数是闲赋在家的农村老人。每年一到收获季节，在农村街巷、农家庭院，到处可见老人们剥皮、脱粒的忙碌场景。

四川简阳，玉米脱粒（吕世华）

河南禹州，合作社雇佣农民剥玉米皮（张小涛）

河北曲周，玉米脱粒机（张宏彦）

四川简阳，玉米脱籽（吕世华）

菠萝丰收了

在经历了两年的生长后，广东徐闻科技小院的菠萝田迎来了丰收。虽然天气炎热，但采收、挑运菠萝的农民们却穿着厚厚的衣服以避免被菠萝叶片坚实的刺刺伤身体。当菠萝被整整齐齐摆放到收购商的车上并即将拿到辛苦钱时，农民们脸上露出了幸福的笑容。

广东徐闻，菠萝丰收（张江周）

广东徐闻，菠萝熟了（严程明）

菠萝装车（张江周）

等待装车（张江周）

摘菠萝（张江周）

挑菠萝（严程明）

菠萝（张江周）

①吊砍（余赟）

③下把（李保深）

④洗蕉（李保深）

②索道运蕉（张学娟）

⑤修把（李保深）

⑥装箱（李保深）

成熟的香蕉，左边为农民习惯种植的普通香蕉，右边为采用科技小院技术生产的“头青把绿”的高品质香蕉（余赟）

香蕉熟了

在商业化香蕉生产中，收获环节显得尤为重要。一组由广西金穗科技小院提供的照片显示，一根香蕉从成熟、下树开始，要经历吊砍、运输、下把、清洗、修整、装箱等多道工序，最后才被运输到市场，走上我们的餐桌。

山药为什么这么贵？

菜市场上，很多人经常抱怨美味的山药价格为什么这样贵？很少有人体会山药种植，尤其是收获的艰辛。为了获得完整的山药以便卖个好价钱，农民得在山药种植行边挖上一条深深的沟。由于缺乏合适的机械，这一工作通常由人力完成，不仅费时、费力、效率低下，而且成本不菲。碰到山药市场行情不好时，销售收入甚至抵不上雇工挖掘的费用！

河北曲周，采收山药（张宏彦）

河北曲周，采收山药（张宏彦）

遥远的机械化

在大多数经济作物生产中，丰收是令人喜悦的，也是艰辛的。由于采收的机械化水平都还很低，因此每逢收获季节，经常会看到人背肩扛、满地是人的景象。其中的苦衷和无奈，是常人难以想象的。

广西，甘蔗收获（张福锁）

甘肃，大蒜收获（张福锁）

河北曲周，西瓜收获（张福锁）

山东乐陵，金丝小枣收获（李建丽）

四川邛崃，辣椒收获（张福锁）

青海，油菜收获（张福锁）

甘肃，成熟的枸杞（吕世华）

宁夏，采摘枸杞的孩子们（张福锁）

宁夏，红红的枸杞（张福锁）

红红的枸杞

在宁夏等地，枸杞种植由来已久。鲜红、诱人的枸杞虽然营养丰富，但其收获却颇为麻烦，都是靠农民用手一个个采摘下来。每到收获季节，杞农往往全家不分老幼齐上阵，为了保证枸杞在最佳采收期采收以确保品质，他们会一整天待在地里，饭都顾不上吃，过程之艰辛，可想而知。

内蒙古，马铃薯种植企业采用机械收获马铃薯（王迎男）

广西，人工收获马铃薯（张福锁）

广西，马铃薯收获（张福锁）

土里生金

马铃薯目前已经成为我国第四大主粮。随着国家鼓励政策的出台，其种植面积不断扩大。在当前农业生产中，除了一些规模化的马铃薯种植企业外，大部分的农民采收马铃薯主要采用人工方法，导致生产成本居高不下。不断发展的生产对收获机械的需求日益增长。

16. 运输篇

河北曲周，拉玉米的三轮车（张宏彦）

多样的运输方式

虽然目前在大部分农区，机动车已得到普及，但在不少的地方尤其是一些偏远山区，人背马拉的运输方式依然普遍。低效率的运输方式使得农产品生产成本居高不下，生产效益提高乏力。

云南怒江，背草回家的妇女（张福锁）

河北永年，前往市场卖菜的菜农（张宏彦）

四川彭州，运萝卜的车辆（吕世华）

广西，运甘蔗的手扶拖拉机（张福锁）

云南，山区骡马运输队（张福锁）

陕西，运输玉米的人力架子车（张福锁）

从地里到家里

一组搜集于科技小院所在地区的照片显示，不同地区农民运输玉米的方式有很大不同。不仅有人力架子车，也有畜力胶轮车，还有柴油三轮车。不同地区、年代运输方式的不同，折射了当时当地农业生产水平的巨大差异。

河北曲周，拉玉米的三轮车（赵伟丽）

吉林梨树，运输玉米的牛车（赵英杰）

17. 晾晒储存篇

四川郫县，用晒垫凉晒稻谷（吕世华）

河北曲周，农家院子里的玉米（张宏彦）

黑龙江建三江，稻田尽头的粮库（吴海兵）

陕北，农民家储藏粮食的大缸（黄成东）

陕西长武，一户人家院子里的玉米（张福锁）

金色满院

在西北、华北农村，为了防止储存过程中玉米变质，人们把丰收的玉米挂在院子里、树枝上，色泽金黄的玉米为农家庭院增色不少。在西北黄土高原区，人们把粮食储存于放置在凉爽窑洞里的大缸中。在大规模种植作物的国有农场，收获的粮食被运往矗立在田野尽头的大粮仓。

晒出美丽

在农村每逢收获季节，大街小巷、打谷场上、农家庭院之中、屋顶之上，随处可见黄澄澄的玉米、金灿灿的稻谷以及红红的小枣和辣椒，以及忙碌的人们。

山东乐陵，路边晾晒的玉米（陈广锋）

河北曲周，院子里的玉米（黄成东）

四川简阳，晒谷场上的玉米（吕世华）

四川资阳，晒满稻谷的院子（吕世华）

河北曲周，公路上晾晒的玉米（张宏彦）

四川剑阁，凉晒小麦（吕世华）

山东乐陵，枣林里晾晒的小枣（李建丽）

甘肃，一户农家院里的辣椒（张福锁）

河北武安，山村屋顶上的玉米（张宏彦）

四川蒲江，晾晒在院里的柑橘幼果（吕世华）

云南，房顶上晾晒的粮食（张福锁）

18. 高效种植篇

甘肃，小麦玉米间套作（张福锁）

间作套种

在我国西北、西南等地，作物间套作种植模式得到了广泛应用。间套作种植条件下，通过高矮、生长期及营养需求不同的作物的合理配置，最大限度挖掘农作物生产对光、热、水、土资源的利用，大大增加单位土地面积上的作物产量。

四川，小麦玉米套种（张福锁）

甘肃，玉米套种豌豆（张福锁）

宁夏，玉米套种辣椒（张福锁）

1+1>2

粮食作物与经济作物间套作，可起到粮钱双收、双增的效果。禾本科作物与豆科作物种植在一起，利用两种作物根系分布、养分需求的不同及对土壤养分利用的不同，可发挥互补作用，实现 1+1>2 的“多赢”。

甘肃，玉米地里套种的蚕豆熟了（张福锁）

河北曲周，棉花套种西瓜（张宏彦）

河北曲周，玉米西瓜间作（黄成东）

河南开封，玉米花生间作（左元梅）

甘肃，山谷里的小麦马铃薯间套作田（张福锁）

甘肃，小麦－马铃薯间套作田（张福锁）

甘肃，小麦大豆间套作（张福锁）

立体种植

我国农民在长期的生产实践中，摸索发明了很多生态、高效的农业种植模式。林粮间作立体种植就是其中的一种。在农林复合系统中，林带保护了庄稼不受风灾威胁，调节田间小气候；而与粮食、蔬菜、油料等作物间作也使得果树通风透光更好，病虫害发生少，果品质量更高。

广西，果树与肥田萝卜套种（张福锁）

四川，果园立体种植（张福锁）

河南，大枣与花生间作（张福锁）

海南，槟榔与胡椒间作（张福锁）

19. 养殖篇

内蒙古，牧区的羊群（张福锁）

幸福的羊儿

近年来，人们生活水平的提高所导致的羊肉消费需求量的不断增加，推动了我国养羊业的快速发展。而我国多达 4 亿亩的天然草场以及每年 5.7 亿吨的农作物秸秆为养羊业提供了丰富的饲料来源。2014 年，我国羊的存栏数已达到 3 亿只。在科技小院所在地区的很多农村，养羊成为农民致富的好途径。

甘肃，小山羊（张福锁）

山东乐陵，枣林里的羊群（李建丽）

四川遂宁，山区养羊大户（吕世华）

广西桂林，放养的山羊（吕世华）

悠闲的牛儿

在很多地区的农村，畜力以前曾是农业生产的主力，“三十亩地一头牛，老婆孩子热炕头”是农民生活的真实反映。随着社会的发展，机械逐步代替了畜力，而规模化养殖场的发展也使得一家一户散养牛经济上得不偿失。如今，像这样一家一户一两头牛的现象在农村越来越少，只有在山区以及交通不便、机械化没有普及的地区还偶尔可见。

甘肃，农家门前悠闲的奶牛（张福锁）

四川中江，地头吃草的耕牛（吕世华）

贵州茂兰，回家的牛群（吕世华）

广西桂林，放牛的老人（吕世华）

山东，猪圈里的母猪和小猪（张福锁）

四川遂宁，猪圈（吕世华）

四川遂宁，农家院里的鹅（吕世华）

曾经的记忆

“背着竹篓割猪草，追着鸡鸭满院跑”。这是曾经我国农民养猪、养鸡、养鸭的真实写照。为了贴补家用、丰富节日餐桌，农民们每家每户都会养殖一两头猪，一小群鸡、鸭或鹅，饲料通常是一家人一日三餐的剩饭、剩菜、泔水，以及劳动间隙从田里采回的野草。如今，随着农村经济发展，像这样养猪、养鸡鸭的人已经越来越少，如同旧时猪肉和鸡鸭肉、蛋的美味，逐渐成为大多数人的记忆。

四川简阳，满满的一筐猪草（吕世华）

四川简阳，稻田边的鸭子（吕世华）

云南，养鸡的孩子（张福锁）

甜蜜的事业

在农作物鲜花盛开的季节，在农村很多地方的路旁、林下和田边，经常可以看到养殖蜜蜂的蜂箱。养蜂人带着他们的蜜蜂逐花而居，利用农作物和野生植物开的花，生产蜂蜜，在给人们的生活带来甜蜜的同时，也为自己带来可观的经济效益。

陕北，杨树林下的蜂箱（张福锁）

河北曲周，路边的蜂箱和养蜂人（张宏彦）

四川简阳，本地农民养殖的蜜蜂（吕世华）

20. 销售篇

四川遂宁，养羊大户老刘在走街串户销售自己产的羊肉（吕世华）

河北曲周，路边销售自产蔬菜（张福锁）

河北曲周，路边上卖菜的老农（张福锁）

云南，路边卖土产的老人（张福锁）

自产自销

在一些地方的农村的街边、路旁，经常可以看到兜售自产农产品的农民。他们之所以采取这种销售方式，要么是当地缺乏农产品交易市场，产品难以顺畅销售；要么是销售给批发商利润太低。由于农村市场的不稳定以及农产品生产的季节性，经常发生农产品积压、卖不出去的问题，“丰产不丰收”给很多农民带来很大的烦恼。

新疆，路边待售的西瓜（张福锁）

农村呼唤市场

为了解决农民农产品销售难的问题，一些地方政府帮助农民就近建立了各式农产品交易市场。交易市场的建立，解决了农民的燃眉之急，也推动了农业产业化的发展。例如，河北省曲周县后老营科技小院就帮助村里建立了西瓜交易市场，解决了农民卖瓜难的问题，带动了当地西瓜产业的发展，受到农民的好评。

河北曲周，村里的西瓜交易市场（刘全清）

陕西，路边的辣椒收购点（张福锁）

广东徐闻，菠萝交易市场（张江周）

21. 合作经营篇

河南开封，合作社（张福锁）

前景广阔

近年来随着生产发展和社会进步，农业生产中小农户分散经营的弊端日益显现，制约了农业新技术的应用和生产效益水平的提高。在此背景下，旨在将农民联合起来，实现土地规模化经营的各种形式的农民合作社，在政府的鼓励、政策和资金的扶持和农民的积极参与下，如雨后春笋般不断涌现。截至 2015 年低，全国农民合作社数量达 148 万家。

吉林梨树，随处可见的合作社（张青松）

河北石家庄，合作社的农机（张福锁）

河北曲周，新成立的农机合作社（张宏彦）

四川自贡，养鸡合作社（吕世华）

河南长葛，合作社为农民提供打药服务
（安志超）

农民合作社在推动农业生产规模化、提高农业生产效益方面，发挥了重要的作用。在合作经营条件下，农民在合作社组织下统一批量采购种苗、化肥等农资，降低了生产升本、提高了农资质量。合作社组织农民联合耕作、为社员提供植保服务，不仅降低了农业生产的机械、用工成本，而且提高了农业机械、农业基础设施的利用效率，推动了农业新技术的应用，实现了农业生产效益的整体提升。

河北曲周，王庄村今科富合作社订购的肥料（杜云飞）

吉林梨树，傅家街村富民合作社统一耕地（丁广歌）

河北曲周，后老营村西瓜种植合作社组织瓜农订购西瓜苗（黄成东）

四川崇州，一家规模种植企业种植的小麦（左）与农民种植的小麦（右）形成鲜明对比（吕世华）

道路曲折

虽然各地农村合作社数量发展很快，但因不同地区农村所处的经济条件和外部支持力度的差异、合作社组织者自身的管理水平差异，导致各地合作社发展很不平衡、良莠不齐，存在诸多问题。合作社的健康发展既需要政府强有力的政策支持和资金扶持，也需要好的经营管理手段。需要循序渐进、因地制宜。

由于缺乏资金建设机库，新成立的曲周县志玉合作社的拖拉机露天堆放（张宏彦）

22. 现代农业篇

黑龙江建三江，万亩稻田（王红叶）

规模化与机械化

随着我国农村经济和城镇化发展，农村人口比例不断降低、农村劳动力大量转移，以及国际国内农副产品市场竞争，农业生产规模化、机械化已成为必然发展方向。在黑龙江建三江科技小院所在的国有农场，以“种植规模化、劳动机械化、技术标准化”为特点的水稻生产，极大提高了生产技术水平、生产效率和效益。

黑龙江建三江，规模种植的水稻田。当地农户平均经营规模达 360 亩（苗宇新）

黑龙江建三江，丰收的稻田（吴海兵）

黑龙江建三江，现代化的农业机械（申建宁）

黑龙江建三江，水稻收获（王红叶）

黑龙江建三江，现代化的水稻育苗基地（胡潇怡）

黑龙江建三江，国有农场喷药飞机作业（王红叶）

设施农业效益高

近年来，我国各地设施农业得到了很大发展。设施农业催生了反季节、特种、高附加值作物的种植，极大地提高了农作物的产量、效益和农民的收入水平，也丰富了市场尤其是增加了北方冬季新鲜农产品的供应。在相对可控的条件下，设施农业还有利于提高农产品的品质。截至 2015 年底，我国设施农业面积达到 6000 万亩以上，总产全球第一。

海南，种植甜瓜的连栋塑料大棚（张福锁）

四川米易，遍布山谷的蔬菜大棚（吕世华）

河北滦南，新建的蔬菜大棚（张福锁）

河北，温室大棚蔬菜（张福锁）

青海，现代化玻璃温室中种植的樱桃番茄（江荣风）

现代化温室

现代农业生产技术的发展给农业带来了新的希望。在人工控制的现代化温室，采用无土栽培技术，番茄可以连续不断生长、多次采收，产量是常规种植的好几倍，而且品质得到很大的提高。在北京郊区经过现代化改造的温室，草莓实现了立体种植，不仅产量和品质大幅度提高，而且看起来更加漂亮，吸引了大批城市居民前来采摘、观光，农民种植草莓的经济效益大大提高。

北京昌平，鑫城缘果品合作社的草莓大棚（雷伟伟）

北京昌平，温室大棚内立体种植的草莓（雷伟伟）

种养结合，效益翻番

在我国的很多农村，近年来随着经济发展，生产结构调整的步伐不断增大。在南方，水稻不再是稻田唯一的作物。为了增加有限土地的产出，农民们创造性地发明了稻田养鸭、稻田养鱼、稻田养蛙等生态种养结合技术，在生产粮食的同时，大大增加了经济收入。在北方地区，林下、草原养殖技术也被广泛应用，给农民带来很大的经济效益。

重庆，稻田养鸭（张福锁）

陕西合阳，樱桃园养鹅（张宏彦）

内蒙古，草原养鸡（张福锁）

四川江油，养鱼的稻田（吕世华）

重庆，稻田养蛙（张福锁）

北京顺义，林下养鸡（赵兴波）

传统特色作物生产迎来发展机遇

随着我国农业经济的发展，政策、投入和技术推动了农作物产量的不断提高，粮食产量的提高不仅保障了粮食安全，而且使得农民可以拿出更多的耕地种植蔬菜、水果、特色小杂粮等经济效益更高的农产品。在西北的黄土高原区，随着国家退耕还林政策的实行，昔日的荒山，变成了瓜果飘香的花果山；而人们生活水平的提高也使当地传统的谷子等特色作物生产得到快速发展，不仅给农民带来了很大的经济效益，而且绿化了荒山，改善了环境，实现了经济效益和生态效益的“双赢”。

甘肃，挂满枝头的杏（张福锁）

陕北，沉甸甸的谷子（张福锁）

陕北，苹果（张福锁）

甘肃，诱人的李子（张福锁）

随着经济发展和人民生活水平的提高，对咖啡、巧克力、香料等的需求量不断增加。消费需求推动了我国南方咖啡、可可等热带作物的种植。在云南，特有的小粒咖啡久负盛名，栽培面积从 2008 年的 30 多万亩发展到 2014 年的 140 多万亩。在海南，可可、胡椒等特色作物的种植面积也不断扩大。

海南，胡椒（邬华松）

海南，长在树上的可可（张福锁）

云南，咖啡豆（张福锁）

特色经济作物种植前景诱人

近年来，经济发展和人民生活水平的提高，水果等经济作物的种植面积不断扩大。在海南、云南、广西等地科技小院所在地区，热带、亚热带水果的种植不仅给农民带来巨大的经济收入，而且为市场提供了大量丰富的农产品，给消费者带来了美味、营养与健康。在广西田阳科技小院所在地区，樱桃番茄的种植成为当地农村经济的支柱产业。

海南，菠萝蜜（张福锁）

海南，诱人的火龙果（阮云泽）

广西，挂满树枝的芒果（张东）

海南，红红的莲雾（阮云泽）

海南，木瓜（张福锁）

四川，柑橘“不知火”（吕世华）

重庆，柑橘（张福锁）

海南，杨桃（吴刚）

23. 农村副业篇

随着农村经济的发展，种植、养殖业不再是农民的唯一活计。改革开放以来如雨后春笋般发展起来的村办、乡办企业，不仅助推了中国经济的快速发展，而且吸引了大量的农民就近就业，提高了农民的收入水平。

河北曲周，农村的二手轮胎加工、交易市场（章余）

浙江，在村办加工厂工作的农村妇女（张福锁）

江苏新沂，做编绳的妇女（谢凯柳）

陕西，辣椒粗加工点（张福锁）

24. 美丽乡村篇

贵州茂兰，村庄（吕世华）

甘肃，黄河边的村庄和民房（张福锁）

甘肃，老房子的大门（李隆）

甘肃，干旱区的村庄（张福锁）

西北农村

我国各地农村，气候、地形条件千差万别，经济条件不尽相同，农村村庄、农民住房风格迥异、各有特色。在广大的西北地区，农村民房大多黄土垒墙，或者黄土烧制的砖瓦构筑。厚墙体、小窗户的设计使得住房冬季保暖、夏季防暑。

甘肃，川道里的民房（张福锁）

甘肃，山坳里的民居（张福锁）

房子半边盖

陕西农村的房子形式多样，不仅有镶嵌在厚厚的黄土中的各色窑洞，也有以厚厚的黄土垒墙的“半边盖”的房子。村边的黄土地、通向村里的黄土路、掩映在绿树丛中的黄土筑墙的农舍，是陕西乡村的真实写照。

山谷里的村庄（张福锁）

陕西的一个村庄（张福锁）

陕西，山坡上的一户人家（张福锁）

陕西关中，房子半边盖（张福锁）

冬暖夏凉的窑洞

窑洞是我国西北黄土高原地区一种古老而特有的居住形式，其大多建于厚厚的黄土崖壁之上，与黄土融为一体。由于窑洞建筑成本低，且冬暖夏凉，因而长期以来在西北广大农村地区被广泛使用。近年来随着农村经济发展和农民收入的增加，越来越多的农民离开窑洞，住上了砖瓦结构的新房子。在一些经济较不发达的山区，窑洞依然发挥着其独特的作用。

陕北，厚厚黄土崖上的窑洞（张福锁）

陕西，废弃的老窑洞（张福锁）

陕西，一户贫困家庭的窑洞（张福锁）

陕西，新建的窑洞（张福锁）

天高云淡的农牧交错带

在我国北方内蒙古等地的广大农牧交错带地区，地广人稀，农、牧民家的院子都很大。但由于干旱少雨、经济相对不发达，加之多风沙、冬季寒冷，因此房屋大多矮小、设施简陋。在西南等地的农牧交错带，降雨充沛、农业生产条件较好，牧民的房子建得都很漂亮。

内蒙古，农牧交错带的村庄（张福锁）

内蒙古，农牧交错带牧民的院子（张福锁）

内蒙古，科技小院学生住宿的农民房子（樊明寿）

四川红原，牧民居住点（吕世华）

内蒙古，农牧交错带牧民的房子（张福锁）

内蒙古，农牧交错带（张福锁）

庄稼环绕的东北农村

大大的烟囱、南向中开的门，以及房前屋后围绕的庄稼，是东北农村的典型写照。在东北东部的水稻种植区，老房子大多稻草盖顶，是名副其实的草房。现在，随着生活水平的改善，越来越多的农民搬到了砖瓦结构的新房。

黑龙江，农村老房子（张福锁）

东北，一户农家的院子（张福锁）

黑龙江，农民的房子（张福锁）

黑龙江，砖瓦房（张福锁）

东北农村，草房（张福锁）

高墙大院的华北农村

高门楼、大铁门、大院子，是华北地区农村农民住房的最大特点。农民往往把家庭收入的大部分用来建房。谁家经济条件好坏，从门外一看便知。富裕起来的农民，不仅房屋高大、院内装修也非常精致；而经济条件相对不好的农民以及农村困难群体，住房则相对简单。

河北曲周，民房外观（刘全清）

河北曲周，富裕人家的院子（刘全清）

河南长葛，一名老军属的房子（安志超）

河北曲周，老房子（张福锁）

河北曲周，农村街巷（刘全清）

河北曲周，雪后的村庄（黄成东）

风景如画的西南农村

西南农村村落大多依山傍水而建、与绿树和农田融为一体，环境优美，景色如画。老房子往往就地取材，木石结构居多；新房子则大多砖瓦水泥材质。

云南，山谷里的村庄（张福锁）

四川，风景如画的村庄（张福锁）

重庆丰都，农民的木房（吕世华）

江西，炊烟袅袅的村庄（张福锁）

四川，山谷里的村庄（吕世华）

广西，大山怀抱的村庄（张东）

越盖越高的房子

处在经济不断发展中的我国农村，农民的住房也在不断发生变化。低矮、土木结构的老房子逐渐被高大、砖瓦水泥结构的新房子替代。农民的居住条件变得越来越好。

四川，山区农民的老住房（吕世华）

四川，农村漂亮的新房子（张福锁）

四川，坐落在老房子边上的新建房（吕世华）

四川蒲江，农家新房（吕世华）

宁夏，移民新居（张福锁）

四川蒲江，农民新居（吕世华）

广西隆安，由当地最大种植企业金穗集团援建的新民居（迟志广）

广西，新民居（江荣风）

新农村

近年来，随着经济条件的改善，各地不断加大对农村的改造力度，或由政府出资，或由企业投资，推动“新农村”建设，探索出很多好的模式。在四川蒲江，富裕起来的农民就住进了各种服务设施完备的住宅小区中的漂亮楼房。在广西、宁夏等地，当地政府和企业帮助农民新建的特色民居大大改善了农村的面貌，提高了农民的生活质量。

正在消失的村庄

在西北、西南等环境脆弱、农业生产条件差、交通不便、经济不发达的地区，随着人类活动对生态环境的破坏以及工业化、城市化带来的农村人口不断外流，一些地方的村庄因人口减少、人去屋空而遭到废弃。更多的村庄则因人口减少而形成“空心村”。据统计，过去十几年，我国每天有 80~100 个自然村消失。

甘肃，废弃的井（张福锁）

内蒙古，废弃的村庄（樊明寿）

甘肃，废弃的房子（张福锁）

河北曲周，由于盐化而废弃的井（张宏彦）

宁夏，废弃的村庄（张福锁）

内蒙古，即将废弃的村庄（樊明寿）

25. 公共设施篇

山东，农村街道（张学娟）

农村的小学

在农村，学校通常是村中最好的建筑，也是村里最重要的公共设施。由于大部分地区农村经济条件相对较差，因此学校基础条件与城市相比，还过于简陋。在一些地区，由于农村孩子逐年减少，很多小村庄的小学被关闭，孩子们转而到附近其他条件稍好的大一点的学校就读。

河北曲周，小学教室（刘全清）

河北曲周，后老营村小学操场（刘全清）

广东徐闻，甲村小学操场（张江周）

四川米易，小学操场（吕世华）

四川简阳，小学教室（吕世华）

广东徐闻，甲村小学教室（张江周）

农村商店

农村的小商店，因地方狭小，大多显得有些凌乱，但各色货物却琳琅满目。在这里，农民能够买到大多数他们日用的商品。尽管不少商品质量难以与城市相媲美，但因价格低廉，吸引了很多农民。农村小商店，还是农民经常聚集交流的场所，是农村信息的“交流站”。

河北曲周，小商店（刘全清）

山东临沂，农村商店外景（张学娟）

新疆，商店门口的修车者（张福锁）

大街 vs. 小巷

相对于城市、城镇间质量较高的道路，很多地方的农村道路显得过于“寒酸”。在资金缺乏的条件下，道路建设中往往把有限的资金投入到主要道路的建设中，村中小巷、农家屋前的道路大多老旧不堪。

河北曲周，村里的主干道（李海朋）

河北曲周，村里的小巷（刘全清）

江苏新沂，通往村里的水泥路（谢凯柳）

江苏新沂，村子小巷中的土路（谢凯柳）

农村道路

在我国广大的农村，随着近年来国家投入力度的增加大，道路状况总体已有很大改善，但是在一些位置偏远、经济不发达地区，道路等基础设施条件较差，给农业生产运输和农民生活出行带来很大不便。建设联通外面世界的水泥路、柏油路，把农产品顺畅地运输出去，已经成为农民们最大、最迫切的心愿。

山东乐陵，连接村外的道路（陈素贤）

陕北，农村的“水泥路”（张福锁）

东北，村边的砂石路（张福锁）

四川简阳，泥泞的村间道路（吕世华）

四川遂宁，通往村里的道路（吕世华）

河北曲周，通往村里的道路（黄成东）

雨雪后的街巷

在我国一些地方的农村，由于村庄缺乏排水设施，加上部分道路没有硬化。平时交通出行尚可，雨雪天气过后则往往积水成河、泥泞不堪，给农民生产生活造成很大不便。

河北，积雪融化后的村中道路（刘全清）

河北，雨后的街道积水成河（张福锁）

河北，雨后的村中大路（王雯雯）

江苏新沂，雨后的村庄道路（谢凯柳）

河北，村边堆满垃圾的小水沟（刘全清）

山东乐陵，南夏家村里的清洁员在清扫街道（陈广锋）

垃圾处理

由于目前我国农村基础设施建设的相对滞后，部分地区农村缺乏统一的垃圾收集、处理设施，导致垃圾乱堆乱放、污染环境的现象不同程度地存在。既影响农村形象、也影响农民生活质量。在美丽乡村的建设中人们已经认识到垃圾处理的重要性，逐步在村庄中设立垃圾搜集装置解决这个问题。

河北曲周，农村街道里的垃圾箱（张书华）

河北涿州，村口的垃圾堆（张福锁）

河北涿州，村口路边的垃圾（张福锁）

四川安岳，集市上买雨鞋的农村妇女（吕世华）

浙江，集市上炸油糕的小摊（张福锁）

热闹的农村集市

农村的集市，热闹而嘈杂。越是距离城市远的地方，集市越热闹、越繁华。集市上的商品大多是农民常用的日用品、生鲜农产品以及各种应时生产用具，不仅种类很多，价格也相对便宜，因此吸引了很多的人。赶集对很多农民而言，不仅仅是购物，更是放松休闲、交流的好机会。

四川安岳，农村集市上赶集的农民（吕世华）

农村集市往往不是每天都有，而是每月固定几天，在当地农民中约定成俗；地点也不总是在市镇。在吉林梨树，农村集市就摆在大路两旁，方便过往的人们购物。在河北曲周农村，素有“赶会”的风俗，每村每年固定一天，亲戚朋友从四面八方赶到村里聚会，吸引各地商贩蜂拥而至，使得村里大街小巷热闹非凡。

吉林梨树，路边的集市（陈范骏）

山东乐陵，农村集市（陈广锋）

陕西凤翔，农村集市（张福锁）

河北曲周，“赶会”期间的农村街道（张宏彦）

河北曲周，盐碱地边上的庙宇（张福锁）

农村的寺庙

在很多地方的农村，经常会看到各种风格迥异、大小不同、新旧不一的寺庙、教堂及其他宗教场所。有的建在村里，而有的则建在田间地头以及山上。这些庙宇大多由村民集资兴建。在河北曲周历史上盐碱危害严重的地方，农民在盐碱地边建立了庙宇，在食不果腹的年代，人们来到这里虔诚祈求上天带给他们赖以生存的食物以度过饥荒。在西北自然条件恶劣、相对贫穷的地区，庙宇也看似不可或缺，建在半山腰的庙宇，高高在上、抬头即见，在物质生活贫乏的年代里，给周围村庄的人们以精神的慰藉。常来光顾的，以农村的老太太居多。每逢节日，她们相约来到庙里，磕个头，烧灶香，祈求家人平安、生活幸福！小寺庙，还是农村老太太们日常聚会的好地方。

河北曲周，妇女们在村里的寺庙前（张宏彦）

河北曲周，农村老人在小庙前烧香（张宏彦）

甘肃，半山腰的庙宇（张福锁）

26. 文化活动篇

河南禹州，妇女们在“科技小院杯”广场舞大赛上一展风姿（张小涛）

四川珙县，参加技术培训的农民在讨论（袁江）

河北曲周，民自发组织成立农机合作社（张宏彦）

广西田阳，村民小组大会（张东）

民主议事

在农村，由于生产采用一家一户分散经营的方式，农民们的生活完全不同于以前的集体生产队时候。除了参加婚丧嫁娶的宴会以及节日期间，农民们很少有机会很多人聚集在一起。开会，成为村干部们的“专利”。但是也有例外，每逢村里开展农业技术培训时，会吸引很多农民参与其中。

河北曲周，后老营村的干部们在村办公处开会（刘全清）

科技培训

如今的农民，越来越意识到科技的重要性。每逢科技小院在村里开展农业科技培训时，教室里总是挤得满满的。从他们认真听讲的眼神、认真记笔记的神态，寒冷的冬季依靠在窗外目不转睛的姿势，都可深深感受到他们对科技知识的渴求。

四川简阳，培训会上的老大爷（吕世华）

四川米易，参加技术培训的农民（吕世华）

广西田阳，课堂里的妈妈（张东）

河北曲周，科技小院举办的培训会上，农民踊跃抢答（贾冲）

河北曲周，趴在窗子上听培训的老农（张宏彦）

牌兴正浓

在农村，玩牌是农民们休闲的重要方式。对于闲赋在家的老人，以及劳动、家务之余的农村妇女而言，纸牌因成本低、玩法多、参与者可多可少而颇受欢迎。在田间地头、大街小巷、农民家里，经常可见聚在一起边玩牌、边聊天的人们。

四川简阳，农村老人在玩牌（吕世华）

四川资阳，田边玩扑克的农民（吕世华）

山东，玩牌的农民（张福锁）

四川，玩牌的农民（张福锁）

四川遂宁，玩麻将的男人们（吕世华）

河南清丰，院子里打麻将（张宏彦）

乐此不疲

陕西，村里下象棋的人们（张福锁）

河北曲周，打麻将的老人（雷友）

河南禹州，打麻将（张小涛）

随着农民生活水平的不断提高，越来越多的农民有时间打麻将、下棋。每逢节假日和农闲时间，亲戚朋友、街坊邻里，无论老少、男女，常常聚在一起，开桌玩牌，既消磨时光、又交流感情。有时，牌桌甚至被搬到了大街上。相对于打麻将至少需要一幅牌桌，下棋就要简单很多，一个小棋盘地上一摊就可开玩，或蹲或坐，既益智、又健身，不仅玩得高兴，围观者也兴致勃勃！

热闹的村庄

平日的农村是安静的，而节日的农村却热闹非凡。随着农村生活条件的改善，富裕起来的农民对文化生活的需求日益增大。在河北曲周科技小院所在的后老营村，每年“过会”期间都会邀请外地豫剧团连唱几天大戏，吸引了十里八村的老年戏迷。在吉林梨树科技小院所在的农村，每年一度由农民举办的文化汇演上，吹拉弹唱跳，应有尽有，乡土气息浓郁的“二人转”把现场气氛推向高潮。陕北农村，喜迎新年的农民把秧歌扭到了山上。而河北曲周科技小院组织村民们举办的迎中秋晚会更是吸引了如潮的观众。

河北曲周，后老营村一年一度的“过会”期间，邀请剧团唱戏（黄成东）

陕北，村民们闹秧歌迎接春节的到来（黄成东）

河北曲周，村民们在科技小院组织的中秋晚会上翩翩起舞（方杰）

吉林梨树，“二人转”文化下乡宣传队（万俊）

在农村，妇女不仅是家庭的主心骨、农业生产的主力军，而且也是文化活动的积极参与者。在节日、茶余饭后的农村街巷、广场上，经常可看到翩翩起舞的妇女们。曲周“三八”科技小院所在的村里，妇女们甚至把广场舞跳到了田间地头！

河北曲周，妇女们在闲暇时跳起广场舞（刘晴）

河北曲周，妇女们在田间地头翩翩起舞（周珊）

黑龙江建三江，新农村广场上的“僵尸舞”（万俊）

山东乐陵，村里的老年人在排练“三句半”（张伶波）

简朴而隆重的婚礼

娶媳妇、嫁女是农家的大事。在经济条件相对不富裕的农村，婚礼大操大办、铺张浪费、盲目攀比导致不少农民背上沉重的债务负担。为了杜绝铺张浪费，河北曲周科技小院所在的农村，村里出面对婚礼的各项开支加以规定和限制。一锅由村里“把式”精心熬制的“大锅菜”，加上蒸的热气腾腾的馒头，就是婚宴上仅有的吃食。不分新老亲戚、邻居朋友，一人一碗熬菜、两个馒头，吃完就走，美味、实惠又省事。虽然宴席简单，却丝毫不影响婚礼的喜庆。在亲戚朋友、乡亲邻里的见证下，传统的祭拜仪式让婚礼不时掀起阵阵高潮。

河北曲周，科技小院研究生曹国鑫为农民主持隆重而简朴的婚礼（赵鹏飞）

河北曲周，简单的婚礼“宴席”（方杰）

河北曲周，为婚礼来宾准备的特色“大锅菜”（高超男）

河北曲周，迎亲队伍（周珊）

河北曲周，清明节扫墓（张宏彦）

广东徐闻，供奉土地爷（张江周）

广西，“三月三”壮族扫墓（赵丹）

各地习俗

我国幅员辽阔，气候各异，民族众多，不同地方风俗迥异、各具特点。清明时节，河北曲周科技小院所在的农村田野里满是扫墓的人们。每逢农历“三月三”这一壮族扫墓的时节，广西田阳农村扫墓的人们更是漫山遍野。在西南农村，新年往往在年猪的嚎叫声中开始。在广东徐闻科技小院所在的农村，人们对祖先和神灵的尊重，仅从那丰富的祭品就可以看出。

四川长宁，杀年猪（吕世华）

农家喜事

在农村，每逢农家有了喜事，总要摆上几桌，邀请亲朋好友，喝上几杯，庆祝庆祝，分享喜悦，交流信息。农村的宴席，虽然不如城市大饭店豪华、精美，却也热闹非凡。除了通常的婚丧嫁娶外，老人的寿宴，在农家是最隆重的，凸显农民敬老、爱老之传统民风。

四川遂宁，农家宴席（吕世华）

广西隆安，农业企业准备团圆饭犒劳农民工（张学娟）

宁夏，远方来客（张福锁）

四川彭州，生日宴（吕世华）

27. 留守群体篇

河北曲周，农民合影（李晓林）

妇女能顶一个天

在很多科技小院所在的农村，青壮年男劳力大多外出打工，妇女们，则由于要照顾老人和小孩，不能随着丈夫们一起外出。留在村里的妇女，不仅承担着家庭生活的重担，也自然成为家庭农业生产的主力军。

四川成都郊区，稻田里的年轻女子（吕世华）

江苏新沂，田里劳动的妇女（谢凯柳）

云南，田间除草的妇女（张福锁）

四川简阳，挑粪的妇女（吕世华）

河北曲周，母亲和她的孩子（张福锁）

四川，带小孩的妇女（吕世华）

浙江，辅导孩子学习的妇女（张福锁）

云南，妇女和她的两个孩子（张福锁）

伟大的母亲

农村男劳力大多离家外出务工，使得很多农村家庭抚养孩子的重任，全部落在留守妇女的身上。她们不仅照顾孩子的日常起居，而且承担起培养、教育孩子的重任，为成长中的农村孩子，撑起了一片蓝天！

甘肃，门前聊天的妇女（李隆）

甘肃，在家门口边拉家常边做手工活（张福锁）

河北曲周，劳动间隙（黄成东）

闲暇时间

对于留守农村的妇女们而言，在丈夫不在身边的日子里，于干农活、家务之余，聚在一起聊聊天、议论议论东家长、西家短，是愉悦身心、获取信息、消磨时间的首选“项目”。

广西田阳，夜晚围着火盆聊天的妇女们（张东）

农村未来的希望

孩子，是农民家里的宝贝，寄托了农家所有的希望。虽然大多数地方农村小孩的衣着不如城里小孩那么鲜艳，但孩子们脸上洋溢的天真、快乐却和城里孩子毫无二致。随着农村经济和生活条件的逐步好转，相信孩子们脸上的笑容会更加灿烂！

河北曲周，地头玩耍的小孩子（张宏彦）

四川罗江，小葱地边玩耍的小女孩（吕世华）

云南，小女孩（张福锁）

云南，小女孩（张福锁）

四川简阳，小孩与狗（吕世华）

西藏，藏族小女孩（张福锁）

新疆，维族小孩（张福锁）

快乐的童年

随着我国农村经济的发展，农村的生活条件越来越好，虽然大部分地区的农村仍然不能和城里媲美，但这丝毫挡不住孩子们快乐地成长。玩耍，并不总是需要复杂、高级的设施以及精美的玩具。与大自然的充分拥抱，与泥土的亲密接触，与伙伴们的朝夕相处，给了农村孩子无忧无虑、快乐的童年。

河北曲周，放学后成群结队玩耍的小孩（黄成东）

甘肃，小哥俩（张福锁）

河北，村口玩耍的小孩（黄成东）

宁夏，玩耍的小孩（张福锁）

农民的孩子早当家

相对于城里长大的孩子，农村的孩子似乎更早接受劳动的锻炼。无论在家里还是田里，他们都是父母的好帮手。在帮助父母带弟弟、妹妹的过程中，在帮助家里干农活的过程中，孩子们变得更加懂事、也更加健康！

云南，照看弟弟的小女孩（张福锁）

甘肃，照看妹妹的小男孩（张福锁）

四川简阳，稻田捉鱼的小孩（吕世华）

四川遂宁，田间劳作的少年（吕世华）

知识改变命运

在农村，虽然教育条件不如城里，但农民对孩子教育的重视程度却一点都不比城里人差。相对艰苦的生活条件，使得农村的孩子们大多比较懂事，更加珍惜学习的机会，学习也更加努力、刻苦。他们相信，只有努力学习，才能更好地改变自己和家庭的命运。

云南，认真学习的小孩（张福锁）

陕西，做作业的小孩（张福锁）

甘肃，农村小学生（张福锁）

河北，曲周县后老营村村委会广场上围着花坛学习的小学生（李海朋）

四川，一边卖东西一边写作业的女孩（吕世华）

期盼父母回家

近年来虽然农村物质生活条件的改善为农村孩子成长提供了良好的环境，但随着越来越多的孩子的父母们常年外出打工，使得孩子们在最需要父爱、母爱呵护的成长阶段，却不得不接受与父母长期分离的现实。沉重的“留守”二字，正困扰着农村孩子的健康成长！在曲周科技小院举办的“六一”联欢会上，当孩子们被问及最大的心愿是什么时，几乎众口一词地回答“希望爸爸妈妈回来！”。

河北曲周，王庄科技小院组织的“六一”联欢活动上，小孩们期盼爸爸妈妈回家（张晓宁）

四川简阳，和奶奶生活在一起的女孩（吕世华）

河北曲周，公路边独自玩耍时睡着的孩子（刘全清）

劳作不息的老人

在青壮年时期，为了一家人的生计他们把全部的精力投入到辛苦的劳作中；到了老年，也不给孩子们添麻烦，总也闲不住，屋里屋外做着力所能及的事情。勤劳吃苦的精神在他（她）们身上得以最真切、最现实的体现。

河北，割韭菜的老人（张宏彦）

广西，身背柴篓的老人和她的牛（张福锁）

重庆江津，捡稻穗的老人（陈轩敬）

四川，捡拾稻谷的老人（吕世华）

幸福的老人

晚年的生活少了孩子们的陪伴对于不少农村老人而言无疑是一件遗憾的事情。但是由于农村生活条件如医疗条件、老年人养老制度的建立完善和养老金的发放，使老年人的生活多了一份保障。如今的农村老年人，享受着中国历史上最好的宁静而安适的农村生活，偶尔参加参加各种文化活动，他们的生活看起来还不错。

山东乐陵，在科技小院举办的晚会上跳舞的老人（陈素贤）

贵州，结伴赶集的老人（张福锁）

云南，村口聊天的老人（张福锁）

隔代情深

在农村，对于那些父母双双外出打工的家庭而言，抚养孩子的重任就落在了爷爷奶奶身上。“留守老人”照顾“留守儿童”已成为一些地区农村的常见现象。年事已高、教育程度相对较低的他们，虽然不能如年轻的孩子父母那样教给孩子很多书本上的知识，却用他们的深深的爱为孩子们传授了人生哲理和做人、做事的道理，让浓浓的隔辈亲情深深地烙在孩子们的心中并伴随他们一生！

四川，带孩子的老人（张福锁）

山东，爷孙俩（张福锁）

云南，带孩子的农村老人（张福锁）

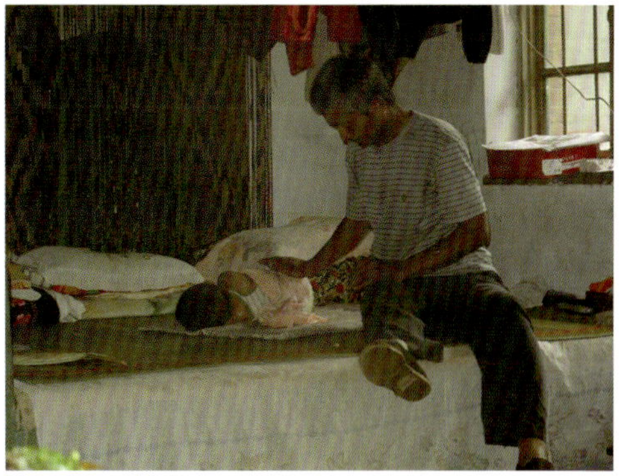

河北，照看孩子的老人（胡芙蓉）

孤独的留守老人

农村青壮年劳动力的外出，不仅导致留守妇女、留守儿童的出现，也造就了大批农村“留守老人”。年事已高的他们本应儿孙缠膝、享受天伦之乐，却不得不独守家门、代替儿女们照看家里、伺弄庄稼。对那些家境较差的人家尤其是困难家庭而言，老人们的晚年生活无疑是孤独而困难的。

云南，农村留守老人（张福锁）

云南，抽水烟的老人（张福锁）

山东，留守老人（陈广峰）

河北，背着背篓的老人（张宏彦）

28. 衣食住行篇

甘肃，农妇（张福锁）

农民之衣－朴实无华

衣服是反映一个人生存状态的最直观指标。虽然不同地方的农村由于自然和经济条件、风俗习惯等不同，农民衣着有着很大的差异，但朴素、实用、整洁却是共同的特点。近年来随着农民生活水平的改善，穿衣打扮也越来越“时髦”，尤其是年轻妇女、小孩子的穿着打扮与城里人并无二致。

河北曲周，带孩子的妇女（张福锁）

吉林梨树，穿着各色颜色衣服的妇女（伍大利）

甘肃，夏天的农村妇女（张福锁）

河北曲周，外出的农民（张宏彦）

河北曲周，打药的农民（刘晴）

河北曲周，地里的农民（张宏彦）

吉林梨树，播种的农民（丁广歌）

河北曲周，打药的农民（张福锁）

农民之食：简单而丰富

在农村，农家的食材不像城里人家那样来自天南海北，往往就地取材。食材的种类可能并不如城里那样丰富、名贵，但却更加新鲜、安全。简单的食材经过农家妇女的巧手，会变换成多种既好看又好吃的美味。就拿土豆来说，农民们就花样百出地发明了水煮土豆、油炸土豆、烤土豆、炒土豆等多种吃法。

煮土豆（张福锁）

四川，土豆丝、土豆片和土豆泥（吕世华）

刚出土的土豆（张福锁）

烤土豆（张福锁）

煎土豆（张福锁）

炸土豆（张福锁）

在科技小院所在的农村，有很多令人食而不忘的美味。在陕西农村，巧手的农妇们把馒头做成了让人不忍下口的“艺术品”；在河北曲周农村，过年过节时农妇们用大铁锅熬制的“大烩菜”令人垂涎欲滴；在广西田阳，妇女们用糯米、土豆等制作的香甜绵软的糍粑让人回味无穷；而东北，老太太们用面粉、豆粉和红枣蒸制的枣馒头则清香四溢。

陕西凤翔，精致的小馒头（张福锁）

陕西合阳，面粉做的花馍（张宏彦）

广西隆安，做糍粑（张学娟）

河北曲周，大烩菜（黄成东）

东北，枣馒头（王冲）

腌出滋味

在西南山区，富产肉类而缺乏冷冻条件。农民们采用烟熏、盐腌等方法将吃不完的肉类进行处理以延长其保质期，从而生产出风味独特的火腿、腊肉等农家美味。这些美味往往被挂在通风阴凉之处储存，不仅久放不坏，而且色泽鲜艳、味道醇香、肥而不腻，深受南方居民喜爱，也是农家待客之上品。

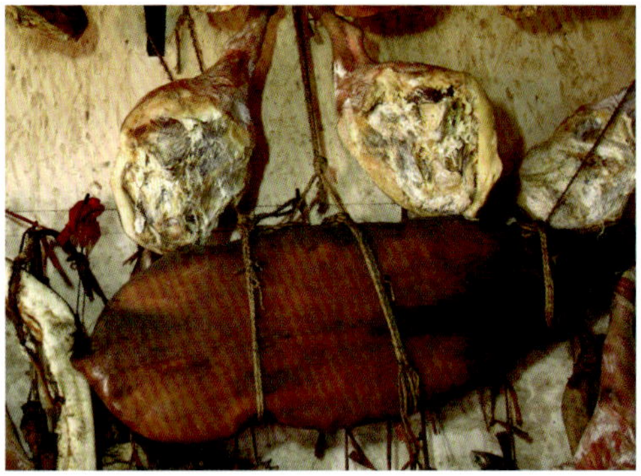

云南，火腿和腊肉（张福锁）

云南，诱人的火腿和腊肉（张福锁）

四川雅安，烟熏腊肉（吕世华）

四川遂宁，大户家的腊肉（吕世华）

辣子一道菜

在西北的很多地方如陕西关中，常年有西北风的侵扰，而辣椒有辛热、御寒、健胃等功能，所以，为驱寒防冷，吃辣椒就成为了陕西人的一大嗜好，进而成为农家餐桌上必不可少的菜肴。据考证，在陕西关中地区，从战国时期就已经有辣椒种植。著名作家贾平凹曾对陕西人如是评价："八百里秦川尘土飞扬，一碗粘面喜气洋洋，不调辣子嘟嘟囔囔。"足见陕西人对辣子的偏爱。

陕西凤翔，集市上的辣椒（张福锁）

陕西凤翔，农家饭桌上必备佐料（张福锁）

陕西凤翔，岐山臊子面的臊子（张福锁）

陕西凤翔，农家墙上的辣椒（张福锁）

锅盔像锅盖

在西北的陕西、甘肃、宁夏、青海、新疆等地，锅盔作为地方民间小吃，自商周时期以来，流传已久。锅盔由当地盛产的优质小麦粉经独有的酵母发酵后，用麦秸生成的文火烤制成而成，其形中空、外酥、边厚、大如锅盖，具有“干、酥、白、香”的特点，既美味、又易消化，还耐储藏、便携带，为当地农民所喜爱。

陕西凤翔，集市上的锅盔（张福锁）

陕西凤翔，大锅盔（张福锁）

陕西凤翔，卖锅盔（张福锁）

烤出天下美味

在新疆，所有的美食几乎都离不开“烤”字。无论是面食还是肉食，经新疆人的烤制，均变成诱人的美味。烤馕，因其吃起来香酥可口、便于消化，加之含水量少、便于储存携带，成为新疆人尤其是维吾尔族人的最爱。新疆烤肉，更由于其上乘的肉类品质、添加了来自西域的香料—孜然，以及独特的烤制方法而闻名遐迩。

新疆，集市上的烤馕（张福锁）

新疆，烤馕（张福锁）

新疆，烤馕的炉子（张福锁）

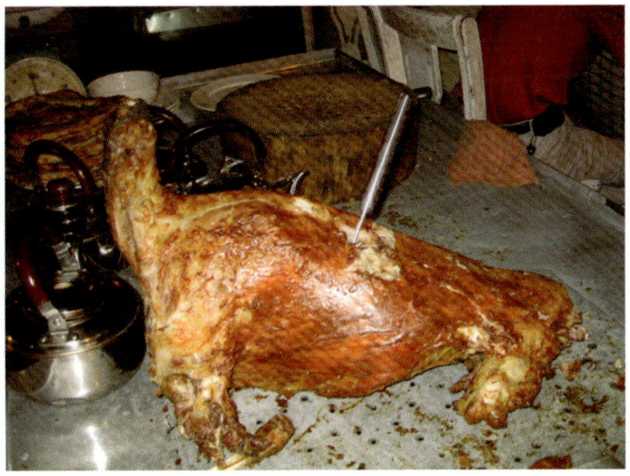

新疆，烤全羊（张福锁）

屋子里

近年来随着农村经济的发展，农民的住房条件有了很大的改善，但地区之间、农户之间差异仍然很大。富裕起来的农民，不仅房子漂亮而宽敞，室内陈设也与城里人的住房不相上下；而生活相对不富裕的农家，屋内陈设却较为简单、杂乱。由于经济条件还不宽裕，相对于从外面看越盖越漂亮的房子，不少农民家里屋里的设施的更新严重“滞后”，屋里屋外“两重天”。

四川遂宁，富裕农户的卧室（吕世华）

四川遂宁，困难农户的卧室（吕世华）

宁夏，一户人家的大炕（张福锁）

黑龙江，农家大炕（张福锁）

黑龙江，农家卧室（张福锁）

宁夏，一户人家的客厅（张福锁）

河北，困难户的客厅（黄成东）

河北，富裕人家的客厅（黄志坚）

不一样的厨房

厨房是农家最重要的生活场所。不同地方的农村，厨房的布置很不相同。西北和华北农村，厨房灶台一般靠墙而建；东北农村厨房，灶台通常连着卧室的大炕以便在冬季利用灶台的余热为炕加热；在西南地区，灶台往往在厨房中间以留出更多的操作空间。灶房的整洁程度不仅反映农家的生活水平，更体现了女主人的持家“本领”。有的农家，厨房虽然设施简陋，但被勤快的主妇收拾得干干净净、整整齐齐；而有的农家，厨房却显得较为凌乱。

陕西，厨房的灶台（张福锁）

陕西，农家厨房（张福锁）

河北曲周，砖砌灶台（刘全清）

河北曲周，贴瓷砖的灶台（刘全清）

东北，农家厨房的灶台与卧室的大炕相通（张福锁）

四川简阳，老人在厨房做饭（吕世华）

四川简阳，厨房（吕世华）

四川遂宁，农家厨房（吕世华）

河北曲周，老农卧室的主席像（张宏彦）

浙江，农家贴满奖状的墙（张福锁）

四川珙县，贴满奖状的墙（吕世华）

贴满奖状的墙

在很多地方农民家里的墙上，最常看到的就是孩子们的奖状，以及伟人毛泽东的大幅画像。无论是穷家还是富家，谁家的墙上孩子们的奖状贴得越多，常常意味着家里的孩子更有出息、家庭的明天更有希望，因而家长们脸上也更有光。贴在墙上的大幅毛泽东像，则寄托了农民们尤其是老年人对曾经带给他们幸福生活的人的深深怀念。

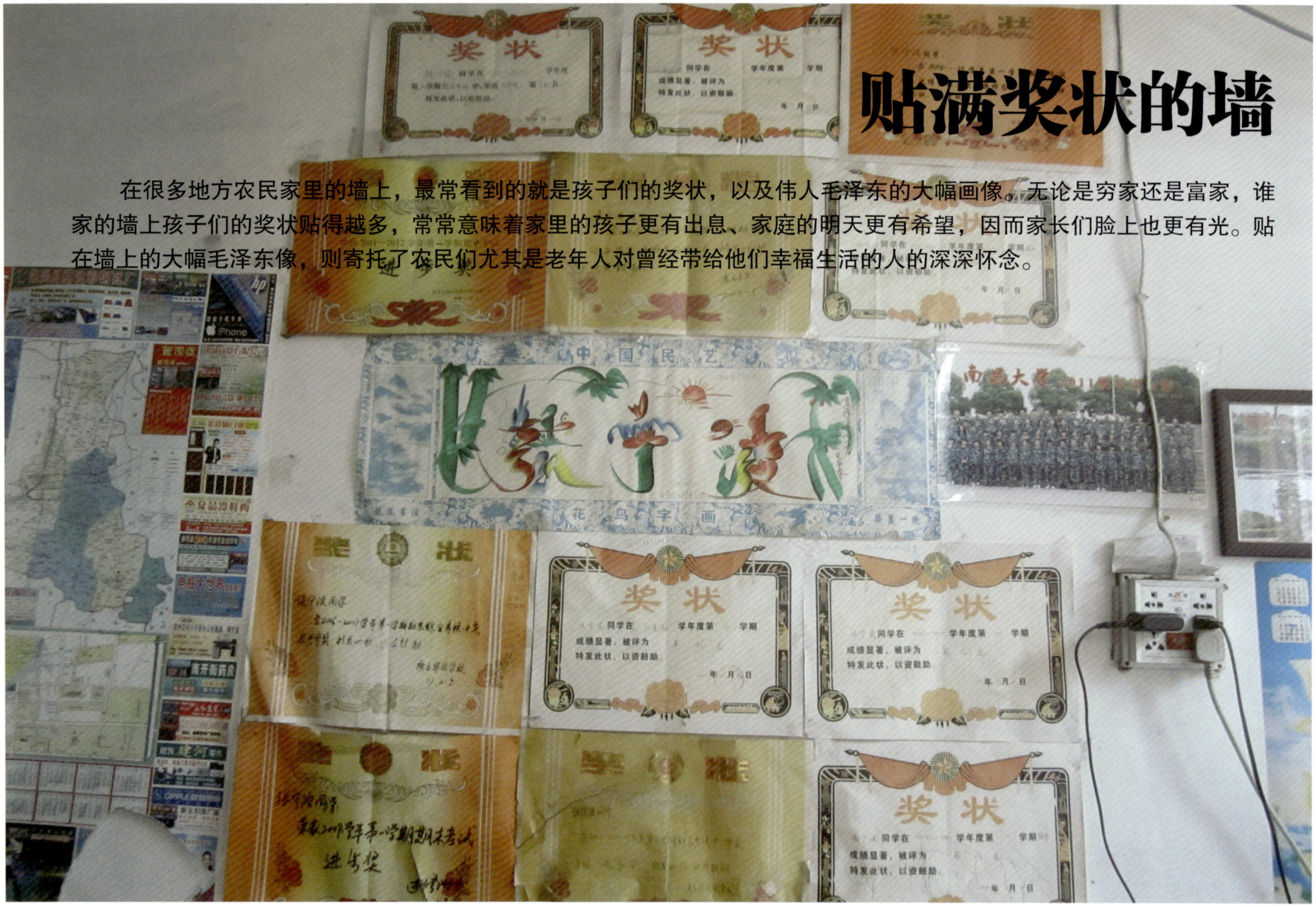

河北曲周，农民家的“骄傲墙”（张晓宁）

牲口代步

近年来，随着农村经济的发展，交通状况有了很大的改善，但在一些偏远山区以及经济不发达地区，畜力代步的现象仍然较为常见。在广西田阳科技小院所在的山区，骡子是当地山民出行的最爱；在新疆农区，灵巧、轻便的毛驴车则是很多农民出行的首选。

广西田阳，老汉和他的“宝马”（张东）

河南清丰，坐着骡子拉的架子车下地（张宏彦）

新疆，驴车（张福锁）

奔向幸福

在更多地方的农村，富裕起来的农民，逐渐用各式各样的现代化的交通工具“武装”自己。通常，年轻人都喜欢拥有一辆属于自己的漂亮的摩托车，以便体验风驰电掣的感觉；游走于乡村间的小贩们，更乐意购买经济适用又轻便的柴油或电动三轮车。经济发达地区的农民以及农村的能人们，也越来越多地开始拥有属于自己的轿车，黑龙江农垦的水稻种植大户们甚至“开着宝马去插秧，开着丰田去收获”。

四川简阳，骑三轮摩托的男子（吕世华）

广西桂林，拖拉机（吕世华）

四川遂宁，骑摩托的年轻夫妇（吕世华）

黑龙江建三江，开着丰田去插秧的农民（胡潇怡）

四川简阳，乡村路上的公交车（吕世华）

山东乐陵，农村校车（张宏彦）

农村通公交了

近年来，随着城乡一体化步伐的加快，国家对农村公共基础设施投资的力度不断增加，“村村通”、“美丽乡村”等项目的实施，使得一些经济较为富裕地区的农村，或者靠近城市的农村通上了公交。在四川简阳，虽然行驶在农村公路上的公交车辆不如城里那么崭新、高档，班次也不那么多，但却给农民出行带来了极大的便利；在山东乐陵科技小院所在的农村，由于国家和地方政府对农村教育重视和投入程度的增加，孩子们坐上了漂亮的校车。

29. 劳作生活篇

广西隆安，坐着牛车下地（李宝深）

四川简阳，稻田开沟排水（吕世华）

劳作辛苦的记忆

由于多方面的原因，在我国广大地区的农村，农民们的劳作仍然比较辛苦。在四川简阳交通不便、机械缺乏的山区，农民们只能靠人力将肥料运送到田里，为此不惜汗流浃背，一身泥土；在四川名山，茶农们为了采集到优质的茶叶，为消费者带来一丝清凉，头顶烈日坚守在田间。在河北曲周，为了等待播种机播种以及抗击蚜虫，农民们更是披星戴月，深夜坚持在田间……。

四川简阳，稻田施用有机肥（吕世华）

四川名山，头顶烈日的采茶妇女（吕世华）

河北曲周，摸黑打药防治小麦蚜虫（王方）

四川遂宁，砍柴回家（吕世华）

河北曲周，晚上在地里等待机器播种（张晓宁）

吉林梨树，修车（伍大利）

四川简阳，稻田施有机肥（吕世华）

四川简阳，水稻脱粒（吕世华）

吉林梨树，劳动间隙田间小憩（伍大利）

享受劳动的快乐

农村的劳动虽然是艰苦的，但也充满着快乐。农民们日出而作、日落而息，在辛勤劳动的同时，他们怀着对美好明天的憧憬，拥抱大自然，享受明媚的阳光、新鲜的空气和丰收的喜悦。

四川简阳，抬着脱谷机下田（吕世华）

山东惠民，一家老小齐上阵（张福锁）

河北曲周，西瓜丰收（黄成东）

广东徐闻，菠萝丰收（张江周）

夫唱妇随

山东乐陵，带着老伴去兜风（张福锁）

山东乐陵，犁地的老夫妻（陈广锋）

甘肃，打药的夫妇（张福锁）

河北曲周，撒肥料的夫妇（张晓宁）

创造美好明天

农民们不仅是农业生产的参与者，而且是农业发展的直接推动者。在长期的生产实践中，勤劳智慧的农民们发明了很多农业生产新技术、新方法。在推动生产发展、创造自己美好生活的同时，也推动了农业的进步。相信，在国家政策的支持下，在他们的辛勤努力下，未来的农业会更发达，农村会更美丽，农民的生活会更幸福。

河北曲周，农民自制的中耕利器（张福锁）

山东乐陵，枣树开甲绝技（李建丽）

山东乐陵，自制撒肥装置（陈广锋）

黑龙江，农民发明的土法制黑炭方法吸引了大批参观者（张福锁）

山东乐陵，自制喷药器械（陈广锋）

吉林梨树，农民自制的整地装置（米国华）

河南杞县，自制的大蒜覆膜压土装置（张小涛））

30. 壮美三农篇

内蒙古呼伦贝尔，油菜田（张福锁）

内蒙古，美丽的草原（张福锁）

北京郊区，高粱成熟季节的山谷（张福锁）

甘肃，美丽农村（张福锁）

甘肃，美丽的农牧交错带（张福锁）

广西隆安，大片的香蕉园（张福锁）

吉林，蓝天白云下的塑料大棚（张福锁）

陕北，成熟的糜子（张福锁）